手島郁郎

ヨハネ伝講話

第二巻

JN115510

手島郁郎文庫

ヨハネ伝を講義する手島郁郎

ベツサイダの野

ヨハネ伝に学ぶ

――序に代えて――

私が初めて新約聖書を読んだ時から、もう四十年以上になります。新約聖書の中で、ヨハネ伝は最も神秘的《しんぴてき》で霊的な福音書《ふくいんしょ》です。このヨハネ伝を研究しようと思って読みだしてから、ちょうど三十年になります。読むたびごとに、ヨハネ伝は新たなものに感じられます。その時は最上に読めたつもりでも、読み返すごとに、前の読み方が浅はかであったことに気がつきます。

これは一生涯《いっしょうがい》、自分の死ぬまで続く経験でありましょう。それほど、ヨハネ伝は深遠なのです。偉大《いだい》なヨハネ伝を読みこなすなんて、とてものことです。私などは、人々にヨハネ伝の講義なんてできる力がない者だ、とつくづく思います。

それでも、読んで力強く感じられるままに語らずにはおられなくなってしまいまして、そのつど、心の中でキリストにお詫《わ》びしながら講話させていただいております。これが、神の言《ことば》――聖書のもつ不思議というものでしょう。

私のつたない講話がご縁《えん》で、キリストに入信される人があるのを見まして、小さい私の努力も無益には終わらぬことを知ります。

東洋に伝わった古代の東方キリスト教は、著《いちじる》しくヨハネ的色彩《しきさい》をもつものでした。どうしても東洋人の心にぴったりするキリスト教が確立しなければ、キリスト教が全日本民族の心を捉《とら》えることもありません。そこに私が、ヨハネ伝を東洋人の心で読んでゆこうとするゆえんがあります。そのためには、世間からいろいろと非難攻撃《ひなんこうげき》されても、私は甘《あま》んじて受けねばならぬと覚悟《かくご》しています。

もちろん、西洋の優《すぐ》れた研究を尊敬《そんけい》はしますが、どうもヨハネ伝に関する限り、東洋人的な理解のほうが確かだ、と思われますので、必ずしも西洋人の学説に従《したが》わず、聖霊に啓《けい》導《どう》されるままに私は説き進めてゆきたいのです。

私がヨハネ伝を第一回に研究したのは、昭和八年(一九三三年)だったろうと思います。

それにしては、なんと遅足だろうかと嘆《なげ》く身ながら、この福音書のなんと嬉《うれ》しくありがたいことでしょう。

一九六四年二月

手島郁郎

目次

凡例

＊難《むずか》しい概念《がいねん》や人名については、その語の横に「＊」印を付し、各講の最後に注をつけました。

＊講述者・手島郁郎は講話するに当たって、ギリシア語・日本語の対訳《たいやく》プリントを聴講者《ちょうこうしゃ》に配付して用いており、たびたびギリシア語原文の意味を解説しています。本書では、その中で重要と思われる箇所《かしょ》に、ギリシア語を入れました。また、本文中に盛《も》り切《き》れなかった講述者の訳語は、太字で記されたヨハネ伝聖句の( )内になるべく収《おさ》めるようにしました。ギリシア語の読み方は、エラスムス式を採用しています。

＊聖書の言葉を引用する場合は、『口語訳聖書』(日本聖書協会)を用いました。

＊講述者が講話の中で引用している聖句は、文語訳聖書からが多いですが、本文中では口語訳に改めました。ただし、講述者が原文から私訳・直訳している場合は、それを採用しています。

＊足萎《あしな》え、らい病、支那《シナ》などの語は、当時の表現をそのまま使用しています。

＊一回の講話のテーマが二つ以上あり、分量も多い場合は、読みやすいように講話を①②に分けて編集してあります。各講の文末にある日付をご参照ください。

ヨハネ伝講話　第二巻

手島郁郎

〔第一七講　聖句　ヨハネ伝四章四三～五四節〕

43ふつかの後に、イエスはここを去ってガリラヤへ行かれた。
44イエスはみずからはっきり、「預言者は自分の故郷《こきょう》では敬《うやま》われないものだ」と
言われたのである。45ガリラヤに着かれると、ガリラヤの人たちはイエスを歓迎《かんげい》し
た。それは、彼らも祭りに行っていたので、その祭りの時、イエスがエルサレムで
なされたことをことごとく見ていたからである。
46イエスは、またガリラヤのカナに行かれた。そこは、かつて水をぶどう酒にか
えられた所である。ところが、病気をしているむすこを持つある役人がカペナウム
にいた。47この人が、ユダヤからガリラヤにイエスのきておられることを聞き、み
もとにきて、カペナウムに下って、彼の子をなおしていただきたいと、願った。そ
の子が死にかかっていたからである。
48そこで、イエスは彼に言われた、「あなたがたは、しるしと奇跡《きせき》とを見ない限
り、決して信じないだろう」。49この役人はイエスに言った、「主よ、どうぞ、子供《こども》

が死なないうちにきて下さい」。50イエスは彼に言われた、「お帰りなさい。あなた
のむすこは助かるのだ」。彼は自分に言われたイエスの言葉を信じて帰って行った。
51その下って行く途中《とちゅう》、僕《しもべ》たちが彼に出会い、その子が助かったことを告げた。
52そこで、彼は僕たちに、そのなおりはじめた時刻《じこく》を尋《たず》ねてみたら、「きのうの午
後一時に熱が引きました」と答えた。53それは、イエスが「あなたのむすこは助か
るのだ」と言われたのと同じ時刻であったことを、この父は知って、彼自身もその
家族一同も信じた。54これは、イエスがユダヤからガリラヤにきてなされた第二の
しるしである。

〔ヨハネ伝五章一～九節〕

1このののち、ユダヤ人の祭りがあったので、イエスはエルサレムに上られた。
2エルサレムにある羊の門のそばに、ヘブル語でベテスダと呼《よ》ばれる池があった。
そこには五つの廊《ろう》があった。3その廊の中には、病人、盲人《もうじん》、足なえ、やせ衰《おとろ》えた

者などが、大ぜいからだを横たえていた。〔彼らは水の動くのを待っていたのであ
る。4それは、時々、主の御《み》使《つか》いがこの池に降《お》りてきて水を動かすことがあるが、
水が動いた時まっ先にはいる者は、どんな病気にかかっていても、いやされたから
である〕。
5さて、そこに三十八年のあいだ、病気に悩《なや》んでいる人があった。6イエスはそ
の人が横になっているのを見、また長い間わずらっていたのを知って、その人に
「なおりたいのか」と言われた。7この病人はイエスに答えた、「主よ、水が動く時
に、わたしを池の中に入れてくれる人がいません。わたしがはいりかけると、ほか
の人が先に降りて行くのです」。8イエスは彼に言われた、「起きて、あなたの床《とこ》を
取りあげ、そして歩きなさい」。9すると、この人はすぐにいやされ、床をとりあ
げて歩いて行った。

第一七講

欲《ほっ》するごとく成れ！

ヨハネ伝四章四三節〜五章九節

イエス・キリストの宗教は、人間が「こうありたい」と欲することを引き出し、その欲するごとくに成らしめるものです。私たちが願い、また欲していることを奪《うば》うようなもの、願いを殺すようなものが宗教であるならば、それは本当の宗教ではありません。何事もあきらめることが宗教生活であるかのように思うならば、実に非人間的です。

一般的《いっぱんてき》に宗教家というと、山にでもこもって独り寂《さび》しく静かに暮《く》らす者、禁欲的《きんよくてき》に生きる者のように思われる時に、イエスの宗教はそうでない。キリストは「あなたは何を欲するか？」と問われる。私たちには、それぞれに願いがあります。その願望がかなえられてこそ真の宗教であります。そのことをヨハネ伝四、五章から学んでまいります。

子供《こども》を思う親の心

イエスは、またガリラヤのカナに行かれた。そこは、かつて水をぶどう酒にかえられた所である。ところが、病気をしているむすこを持つある役人がカペナウムにいた。この人が、ユダヤからガリラヤにイエスのきておられることを聞き、みもとにきて、カペナウムに下って、彼の子をなおしていただきたいと、願った。その子が死にかかっていたからである。
（四章四六、四七節）

イエス・キリストが、ユダヤからサマリヤを通ってガリラヤに戻《もど》られると、病気の息子《むすこ》がいるカペナウムの役人が御許《みもと》にやって来ました。「役人」と訳《やく》されている「*βασιλικος*《バシリコス》」は、王家の役人のことで、「王族」という意味もあります。ですから、この人はカペナウムにおける最高の人物であったということがわかります。

カペナウムはガリラヤ湖畔《こはん》の町ですが、そこから歩いて一日がかりのカナまでの道のりを、王族の高位高官がやって来た。それは、病気になった息子が、他《ほか》に救われる見込《みこ》みが

カペナウムの遺跡

なかったからです。何とか子供《こども》を助けたい、親心としてそう思ったんですね。

日本でも、戦前は子供がよく伝染病《でんせんびょう》にかかったものです。私の娘《むすめ》も一人、伝染病で死んでしまいました。子供が死ぬということは、親としては身がちぎれるような気がします。

また、私の長男が疫痢《えきり》にかかった時は、医者は「駄目《だめ》です」と言って匙《さじ》を投げました。私は嘆《なげ》いて、祈って祈って過ごしました。

「神様、医者は駄目と言うかもしれませんが、助けてください。どうしてこんな良い子を殺されるのですか」と祈った。祈りは不思議に聴《き》かれて、長男は生き返りました。今でもそのことを忘《わす》れられません。

このことは、その後の信仰生活に非常に力となりました。何か困《こま》ったことがあったとき、「神様、助けて！」と叫《さけ》ぶならば、大宇宙《だいうちゅう》には、どこからか応《こた》えるものがあることを発見したからです。

子供《こども》は可愛《かわい》いものです。自分の体や命に代えてでも子供を助けたいと思うのは、親ならば誰《だれ》しもがもつ心です。カペナウムの高位高官の人が、もう恥《はじ》も外聞も捨《す》てて、大工の子でしかない身分の卑《いや》しいイエスの足許《あしもと》にひざまずきました。見栄《みえ》で、自分の学歴、財産、地位などを誇《ほこ》っている間は、こんなことはできないですね。しかし、いよいよ死にゆく子供を愛する愛ゆえに、この人に信仰が生まれてきました。

真に救いを求めるならば

そこで、イエスは彼に言われた、「あなたがたは、しるしと奇跡《きせき》とを見ない限り、決して信じないだろう」。この役人はイエスに言った、「主よ、どうぞ、（わたしの）子供が死なないうちにきて下さい」。（四章四八、四九節）

あの日照りの続くガリラヤ地方へ行ってごらんなさい。暑い中、遠い所をわざわざ訪《たず》ねていってお願いするということは、よほどのことです。しかも、彼は身分の高い人でしたからなおさらです。ところがイエスは、彼に向かって言われました、

「あなたがたは、しるしと奇跡《きせき》とを見ない限り、決して信じないだろう」と。

すると、この王族《バシリコス》の者は、

「主よ、どうぞ、子供《こども》が死なないうちに来てください」と言いました。

人間は誰《だれ》しも、手後れになったら、もう信仰の心は起きません。

同様のことは、マルタとマリヤ姉妹《しまい》の弟・ラザロが死んだ時にもありました（ヨハネ伝一一章）。イエス・キリストがこの姉妹の家に着いた時、姉のマルタは、

「主よ、もしあなたがここにいて下さったなら、わたしの兄弟は死ななかったでしょう」（一一章二一節）と言った。それに対してイエスは、

「わたしはよみがえりであり、生命《いのち》である」（一一章二五節）と言われたが、マルタの信じきれない姿《すがた》に、「どうして信じないのか」と嘆《なげ》かれました。

私たちは何か困《こま》った問題が起きたりしますと、「もし、あの人がおられたら良かったの

に」と思って、人を求めます。先日も、クリスチャンの旧い友人である政治家と話しました。昔の社会主義を実践《じっせん》した先輩《せんぱい》たちは、杉山元治郎《もとじろう》先生でも片山哲《かたやまてつ》氏にしても実に立派《りっぱ》だった、今は人物が少なくなった、と。

誰《だれ》か人物はいないかと皆《みな》が思いますが、今の政界を見ますとはなはだ感心しません。

高等小学校だけ出て総理大臣になった田中角栄氏に対して、世間が非常な関心を示しました。私も好意をもっていましたが、駄目《だめ》ですね。信念や高いモラルがありません。御殿《ごてん》のような家に住み、池に高価な鯉《こい》を飼って喜ぶ気持ち。これでは庶民《しょみん》の心はわからないと思う。それにも増して、日本の国の将来《しょうらい》を見通して、それに殉《じゅん》じてゆこう、人からどのように悪罵《あくば》されても黙《だま》って忍《しの》んでゆこうという精神がない。私は、あの人がこのままだったら大変なことになると思う。日本のために憂《うれ》えます。

だが、何かほんとうにせっぱ詰《つ》まって、もうこの世的な解決ができなくなり、この王族の一人のように「ナザレのイエスの前にひざまずく以外にはない」という、救いを求める切なる心が起きたら変わります。しかし人間、自分にとらわれ、なかなか本当の宗教的解決をしないものです。

「あなたの息子《むすこ》は生きる！」

イエスは彼に言われた、「お帰りなさい。あなたのむすこは助かるのだ」。彼は自分に言われたイエスの言葉を信じて帰って行った。その下って行く途中《とちゅう》、僕《しもべ》たちが彼に出会い、その子が助かったことを告げた。そこで、彼は僕たちに、そのなおりはじめた時刻《じこく》を尋《たず》ねてみたら、「きのうの午後一時に熱が引きました」と答えた。それは、イエスが「あなたのむすこは助かるのだ」と言われたのと同じ時刻であったことを、この父は知って、彼自身もその家族一同も信じた。これは、イエスがユダヤからガリラヤにきてなされた第二のしるしである。

（四章五〇～五四節）

この人は、愛する者のために、もう恥《はじ》も外聞も忘《わす》れて、大工の子イエスの許《もと》に来ました。「主よ、どうぞ子供《こども》が死なないうちに来てください。手後れになったらもう駄目《だめ》です」と懇願《こんがん》しました。ところがイエス・キリストは、「行け！　あなたの息子は生きる！」（四章五〇節　直訳《ちょくやく》）と言われた。

ギリシア語原文では、「お帰りなさい」ではなく、「πορευου《ポリュウー》　行け」です。また「助かる」ではなく「ζῆ《ゼー》（彼は）生きる」です。もう息子《むすこ》が死ぬばかりになっている絶望の状《じょう》況《きょう》、しかしキリストは「生きる！」と言われた。これは、生かしめる神が背後《はいご》におられる強烈《きょうれつ》な言葉です。

キリストは、この人に信仰の心を起こさせるために、わざと一緒《いっしょ》に行かれなかった。もしここで、キリストが自ら行かれて、「按手《あんしゅ》して祈ろう」と言われるだけでは、信仰心は湧《わ》きません。彼は、自分に言われたイエスの言葉を信じて出かけた。

すると、その道中で彼の僕《しもべ》たちと出会い、息子が助かったことを告げられました。その子の良くなった時刻《じこく》を尋《たず》ねてみると、イエスが「あなたの息子は生きる！」と言われた、その時刻だった。

この王族は、イエスから「行け！」と言われた時、「あなたを離《はな》れて、ひとり私が行ったって何ができるでしょう」と思ったかもしれません。しかし、信仰は不思議なもので、その人の姿《すがた》が神々《こうごう》しく見えるような場合には、不思議な力が働くものです。もう言われるまま、「はい！」と言って出かけたりします。そして信じたごとくに成ります。

霊的な人間のひと言で

先日、富山の手島淳界《じゅんかい》さんから、次のようなお手紙を頂《いただ》きました。

「二十四歳《さい》の若《わか》いI先生が北陸に来られて間もなく、私の弟が強度の顔面神経痛《しんけいつう》にかかりまして、目も口もゆがんで食べ物が口から漏《も》れて落ちるほどでした。あらゆる医術を受けられるだけ受けましたが治らず、ついに医者からも『治らない』とハッキリ宣告《せんこく》されました。それで、それまでは医者に頼《たよ》って祈らなかった弟も、神だけを仰《あお》いで祈る以外になくなってしまいました。そうしたら癒《い》やされ、今では九分どおり治ってしまいました。

私はI先生の祈りが奇跡《きせき》を呼《よ》び起《お》こしたことを申し上げたいのではありませんが、先生が弟のために祈ってくださったお姿《すがた》、あの表情は肉親も及《およ》ばない、真実な神の愛そのものでした。あれを見て、『愛』とはこれだ！　と実感いたしました……」と。

真に霊的な人間のもつ人格というものは、説得するのではなく、ひと言で「はい！」と言わしめるような力があるんです。それに信じてゆくと、信じたように成る。後で「あの時、癒やされたのだ」とわかる。

イエス・キリストの御言葉《みことば》を聴《き》いて、自分に信仰心が起きた時に、何かが始まった。これは私たちがしばしば経験することです。それまでは、何かに頼《たよ》ってなかなか信仰心が起きません。この王族の場合、人間イエスに頼っている間は本当の信仰心が起きなかった。しかし、「あなたの息子《むすこ》は生きる！」という言葉を信じて出かけたら、途端《とたん》に癒《い》やされた。これが信仰です。信仰のあるところに奇跡《きせき》が起きる。それで、「彼自身もその家族一同も信じた」(四章五三節)とあります。

後に、イエス・キリストがエルサレムに上りました時に、そばで仕えた婦人たちがおりましたが、その中に「ヘロデ王の家令クーザの妻・ヨハンナ」という人がいました。あるいはこの婦人が、この時に癒やされた息子の母親だったのかもしれません。

この時、もちろんキリストが直々に癒やしたもうならば、それは結構です。しかし、それでは目に見える人間イエスに頼るだけです。奇跡を見て信ずるというのは一時的であって、その時には感心しますけれども、なかなか本当の信仰にはなりません。信仰とは、目に見える世界を超《こ》えて信ずることなんです。見えない神の全能の力に信ずることです。

次の第五章を読むと、そのことがまた別の角度からわかります。

不思議な泉《いずみ》の湧《わ》くベテスダ

こののち、ユダヤ人の祭りがあったので、イエスはエルサレムに上られた。エルサレムにある羊の門のそばに、ヘブル語でベテスダと呼《よ》ばれる池があった。そこには五つの廊《ろう》があった。その廊の中には、病人、盲人《もうじん》、足なえ、やせ衰《おとろ》えた者などが、大ぜいからだを横たえていた。〔彼らは水の動くのを待っていたのである。それは、時々、主の御使《みつか》いがこの池に降《お》りてきて水を動かすことがあるが、水が動いた時まっ先にはいる者は、どんな病気にかかっていても、いやされたからである〕。（五章一～四節）

「羊の門」というのは、エルサレムの神殿《しんでん》に燔祭《はんさい》として献《ささ》げる羊を送《おく》り込《こ》む門のことです。そこは、家畜《かちく》が通る所ですから、臭《くさ》くて汚《きたな》い所です。

そのそばに、「憐《あわ》れみの家」あるいは「オリーブの家」という意味の、「ベテスダ」と呼ばれる池がありました。「そこには五つの廊があった」（五章二節）とありますが、発掘《はっくつ》された現場を見ますと、確かに五つの柱廊があったことがわかります。その廊には、大勢の病

イエス時代のベテスダ池（イスラエル博物館・模型）

人や体の不自由な人たちが身を横たえていました。それは、池の水が動くのを待っていたからでした。

五章四節にある「時々、主の御使《みつか》いがこの池に降《お》りてきて水を動かすことがある」というのは、地下水が溢《あふ》れてくるために起きる現象でしょうか。間歇泉《かんけつせん》のように、ベテスダの池の水が時々動きました。その時に、真っ先に池に入った者は、どんな病気でも癒《い》やされた。

同様の奇跡《きせき》が起きる「ルルドの泉《いずみ》」という所が、フランスとスペインの国境近くにあります。そこには毎日、何本もの特別列車で人々が巡礼《じゅんれい》に来ます。

十九世紀半ばのこと、ルルドに住むベルナデットという娘《むすめ》が急に霊感をもつようになり、聖母マリヤのお告げによって一つの泉を発見した。そこから湧《わ》く水によって、次々と病気の人たちが癒えました。それでカトリックの聖地になり、今でもお参りする人々の中には病が癒える人があるそうです。

心の欲求《よっきゅう》を目覚ましめよ

さて、そこに三十八年のあいだ、病気に悩《なや》んでいる（病気の中にいる）人があった。イエスはその人が横になっているのを見、また長い間わずらっていたのを知って、その人に「なおりたいのか」と言われた。　（五章五、六節）

イエス・キリストは、ベテスダの池の廊《ろう》で、三十八年間も病気に苦しんでいる人に対して、「なおりたいのか」と言われた。原文のギリシア語を直訳《ちょくやく》すると、「*θελεις υγιης γενεσθαι*《セレイス ヒュギエース ゲネスサイ》　あなたは欲《ほっ》するか？　健全になることを」です。

まず最初に、「*θελω*《セロー》　欲する、願う」という語があります。そして「治る」ではなくて「*υγιης*《ヒュギエース》　健全な」です。どうして正確に訳さないんでしょう。こういうところを正確に訳さないと、日本のクリスチャンは信仰がわからなくなります。

普通《ふつう》、禁欲が宗教だと思うのに対して、キリストは、「あなたは欲するか？　健全になることを」とまず聞かれた。すなわち、キリストの福音《ふくいん》とは、人間がかくありたいと欲《ほっ》することと、その欲するごとくに成らしめることです。

人間はせっかくこうやって地上に生まれてきて、自分の心の奥底《おくそこ》にほんとうに欲することがあります。それが成らないならば、生きがいがありません。まず信仰を盛《さか》んにしようとお思いになるならば、私たちは自分の心の奥深い欲求《よっきゅう》を目覚ましめることです。欲する気持ち、欲求のないところに、信仰はありません。

先ほど、ここで話された竹花一雄《かずお》さんは、長い間、救世軍*の信者でしたから、「あれもしてはいけない、これもしてはいけない」といって、戒律《かいりつ》で自分を縛《しば》って禁欲生活をしていなさったでしょうけれども、そのような禁欲生活をすることが信仰ではない。竹花さんは原始福音*に触《ふ》れて、信仰の喜びを知る人となりました。

キリストはいつも、「あなたは何を欲するか。欲するごとく成れ！」と言われる。

私たちは、今までは欲しなかったかもしれないけれども、欲する心を起こすことが、信仰のまず一歩だということを忘《わす》れてはなりません。熱い欲求が起きるときに、それが祈りとなり、それが実現してこそ本当の信仰です。

禁欲生活などというものは、イエス・キリストとは無縁《むえん》です。あなたは何を欲するか？

私たちが、「病気から治りたい」「健全になりたい」と熱い心をもちだしたら、心は肉体を支配しますから、そう成ります。

「床《とこ》を取り上げて歩け！」

この病人はイエスに答えた、「主よ、水が動く時に、わたしを池の中に入れてくれる人がいません。わたしがはいりかけると、ほかの人が先に降《お》りて行くのです」。イエスは彼に言われた、「起きて、あなたの床を取りあげ、そして歩きなさい」。すると、この人はすぐにいやされ（健全になって）、床をとりあげて歩いて行った。

（五章七〜九節）

この病人は、「私は乞食《こじき》の足萎《あしな》えで、介添《かいぞ》えがいないんです。他《ほか》の人が私の先に降りてゆきます。最初に水に入る者が恵《めぐ》みに与《あずか》ると信ぜられているのに、自分はいつも後塵《こうじん》を拝《はい》するばかりです」と言います。その時キリストは、「起きよ！　あなたの床を取り上げよ！　そして歩け！」（五章八節　直訳《ちょくやく》）と言われた。

長い間、自分で動けなかった病人が、床《とこ》を取り上げるなどということができるものか。しかしキリストが命じられると、この人はすぐに癒《い》やされ、床を取り上げて歩いていった。この「いやされる」は、六節でも使われている「*υγιης*《ヒュギエース》　健全な、健康な」というギリシア語が再び使われております。ですから五章九節を直訳《ちょくやく》すると、「すると、直ちにその人は健全になった。そして自分の床を取り上げて歩きはじめた」となります。

この足萎《あしな》えが「病気から癒やされたい」と願ったことは、一見、霊的でなく肉的なことのように思えます。しかし、霊肉は二つのものではなく一つのものです。三十八年間も足萎えであった者に、「あなたは健全であることを欲《ほっ》するか」とイエスが言われるときに、人間は健全であることが原則であって、病気であることが原則ではありません。

キリストが地上に来たりたもうたのは、肉体的にも精神的にも、また生活や仕事の上でも、あらゆる面で人を癒やし、全き人間、人間らしい人間の幸福に入れるためです。

生けるキリストとの出会いは、ただごとではない。

その人の生涯《しょうがい》に驚《おどろ》くべき大変化をもたらします。

私の若《わか》い頃《ころ》、多くのクリスチャンが肺病人《はいびょうにん》でした。そして深刻《しんこく》そうに、「ああ神よ、私を救いたまえ」と悲しげに祈っていると、「あの人は信仰が深いなあ」と思われて、それを真似《まね》たものです。しかし、そのようなことが本当の信仰ではない。どうしてかというと、健全ではないからです。

キリストから「健全であることを欲《ほっ》するか」と聞かれて、「いや、私は病気のままでいいです」と言うのでは、信仰になりません。熱い欲求《よっきゅう》が起こり、それが実現してこそ信仰です。

求める心に近づかれるキリスト

五章一節に、「こののち、ユダヤ人の祭りがあったので、イエスはエルサレムに上られた」とありますが、祭りとは何でしょう。宗教は、神との出会いであり、神と人との合一を求めることにあります。その信仰の表現として「お祭り」が行なわれます。

日本語の「まつり」には、神に従《したが》い、神を敬《うやま》いまつるという意味があります。また、「まつろう」とは、帰順し、服従《ふくじゅう》することです。ですから、宗教にとっていちばん大事なことは、神に従順《じゅうじゅん》である、神にまつろう、ということです。けれども当時のイスラエルの宗教は、神をまつるという意味を離《はな》れて、単なる儀式《ぎしき》になっていた。

エルサレムには当時、ヘロデ王が築いた壮麗《そうれい》な神殿《しんでん》がありました。そこで祭司たちがきらびやかな服を着てぞろぞろ歩くと、いかにも偉《えら》い坊《ぼう》さんのように見えたかもしれない。だが、それは見せかけです。その美しい神殿の横で、羊が行き来する臭《くさ》い通り道の傍《かたわ》らに、病人や盲人《もうじん》、足萎《あしな》え、やせ衰《おとろ》えた者などが大勢うずくまっていた。多くの人がそこで癒《い》やされることを待っていました。長い間の病人ですから、もう鼻を突《つ》くような嫌《いや》な臭《にお》いがしたでしょう。

イエス・キリストは大工の子でした。労働者でした。祭司のように儀式めいた振《ふ》る舞《ま》いをされたわけでもなかった。しかし、このような貧しい病《や》める人や苦しんでいる人たちの泣《な》き叫《さけ》ぶような願い、そのような求めの激《はげ》しいところに近づいて、「何を欲《ほっ》するか、健全であることを欲するか」と言って、神の力をお示しになった。キリストは、神がいかに人類を救おうとしておられるか、その力の不思議を顕《あらわ》されました。

願いのあるところに神の力は働き、信仰が生まれる。これが「まつり」です。神と人間が交わる場は、このような所です。

　どん底にいる人たちのほうが素直《すなお》ですし、本当がわかりますね。宗教を事としている者が宗教を知らず、かえって人生の底辺《そこべ》で大宇宙《だいうちゅう》の力を呼《よ》び求《もと》めている人のほうに、よっぽど神のご愛は顕《あらわ》れます。貧しい者は幸いです。

　三十八年間、人々のいちばん最後にいた者をキリストは憐《あわ》れみ、奇跡《きせき》が起きました。愛は奇跡を生む。愛は掟《おきて》を、法則を超《こ》えるものです。

　その後、宗教家たちはイエスの行ないに対して、「律法《りっぽう》を無視《むし》した。安息日を汚《けが》した。安息日に床《とこ》を取り上げて歩くのは良くない」などと言って非難《ひなん》しました(五章一〇節)。だが、宗教家たちが何を言おうとも、このかわいそうな人を見たら、キリストの同情心はたまりませんでした。

　人間、何か一つにこだわりますと、「鹿《しか》を逐《お》う者は山を見ず」という言葉がありますように、鹿を追いかけて鹿撃《しかう》ちばかりを考えている猟師《りょうし》は、山の中に入って山を見ません。同様に、宗教に生きているといっても、何かにとらわれたり、儀式《ぎしき》や神学や教理などにとらわれますと、大事な「人間」を見失ってしまいます。

しかし、キリストの宗教は、私たちにとってなんとありがたいだろうか！私たちの幕屋《まくや》の中で、神の御救《おんすく》いが次々と現れつつあるのを思うと、信仰のあるところ、願いのあるところ、きっとそれを満たす力が宇宙《うちゅう》にはあることを示しています。

切実な願いを神の御前《みまえ》に祈る

キリストは今日も、私たち一人ひとりに「健全になりたいか、それを欲《ほっ》するか？」と問うておられます。要求のないところ、求めの切でないところに信仰は起きません。信仰とは、伸《の》びるようになった手足を伸ばすことではない。動かない手足を、まず伸ばしてみようとする心の発起《ほっき》です。

今までは、あきらめていた。仏教的なあきらめという観念に、日本人の心が食いつぶされておりますときに、私たちは赤裸々《せきらら》になって、「神様、こうしてください！」と欲しようではありませんか！

祈ります。深い呼吸《こきゅう》をして、心を整えてください。

私たちは、自分の心の中にいろいろな願いがあるのに、それを打ち消して抑《おさ》えてきたのではありませんか。そのことがしこりとなって、ずいぶん自分を傷《きず》つけ、苦しんだのではないでしょうか。もう一度、神様の御前《みまえ》に出て、一人ひとり「神よ、この一年にかけて、このように成してください！」と祈ろうではありませんか。

神は、愛と善意《ぜんい》に在《いま》したまいます。空疎《くうそ》な祈りはやめましょう。具体的に切実な祈りを、欲求《よっきゅう》を、神の前に出しとうございます。

今まで、ご自分で抑えつけておったものを考えてごらんなさい。「ああしたい、こうしたい」と願っているのに、「もう駄目《だめ》、駄目」と言い聞かせておったのではないか。その願いを、もういっぺん心の中に、祈りの中に取り上げて、日の目を見させてあげてください。そうすると、いちばん喜ぶのはあなたご自身です。解放された感激《かんげき》ほど、大きな喜びはありません。

キリストの神様！　ひとたびあなたに触《ふ》れまつると、不思議な変化が起きることを、私たちは知っております。どうぞ一人ひとりに、「健全になることを欲《ほっ》するか？」と呼《よ》びかけてください！　私たちは今まで、人間らしからぬ、獣《けもの》のようなさもしい心の日々が続いていましたが、ここで目覚めて、神の子らしい生涯《しょうがい》を繰《く》り広《ひろ》げとうございます。神様、最も人間らしい人間に、私たち一人ひとりを救ってくださるよう、お願いいたします。多くの人があやしむまでに、不思議な人生を歩かせてください！

（一九七三年三月四日）

＊救世軍…キリスト教プロテスタントの一派《いっぱ》。一八六五年、イギリス人牧師のウィリアム・ブースがロンドンで創始《そうし》し、軍隊的組織のもとに民衆《みんしゅう》伝道と社会事業を行なう。

＊原始福音…二千年前、イエス・キリストが伝えられた神の愛と力に満ちた宗教の道、その道を歩いた弟子《でし》たちの喜ばしい信仰のこと。手島郁郎はこの初代教会時代の信仰に帰ることを提唱し、宗教運動を展開《てんかい》した。そこから生まれた「キリストの幕屋」とその群れは、「原始福音」とも呼《よ》ばれる。

〔第一八講　聖句　ヨハネ伝五章八～一八節〕

8イエスは彼に言われた、「起きて、あなたの床《とこ》を取りあげ、そして歩きなさい」。
9すると、この人はすぐにいやされ、床をとりあげて歩いて行った。
その日は安息日であった。10そこでユダヤ人たちは、そのいやされた人に言った、
「きょうは安息日だ。床を取りあげるのは、よろしくない」。11彼は答えた、「わた
しをなおして下さったかたが、床を取りあげて歩けと、わたしに言われました」。
12彼らは尋《たず》ねた、「取りあげて歩けと言った人は、だれか」。13しかし、このいやさ
れた人は、それがだれであるか知らなかった。群衆《ぐんしゅう》がその場にいたので、イエスは
そっと出て行かれたからである。
14そののち、イエスは宮でその人に出会ったので、彼に言われた、「ごらん、あ
なたはよくなった。もう罪を犯《おか》してはいけない。何かもっと悪いことが、あなたの
身に起るかも知れないから」。15彼は出て行って、自分をいやしたのはイエスであ
ったと、ユダヤ人たちに告げた。16そのためユダヤ人たちは、安息日にこのような

ことをしたと言って、イエスを責めた。
17そこで、イエスは彼らに答えられた、「わたしの父は今に至《いた》るまで働いておら
れる。わたしも働くのである」。18このためにユダヤ人たちは、ますますイエスを
殺そうと計るようになった。それは、イエスが安息日を破られたばかりではなく、
神を自分の父と呼《よ》んで、自分を神と等しいものとされたからである。

第一八講

安息日の意義

ヨハネ伝五章八〜一八節

エルサレムのベテスダの池の傍《かたわ》らに、三十八年間、体が動かずにいた人がおりました。この病人に向かって、イエス・キリストが「床《とこ》を取り上げ、歩め！」とお声をかけられると、不思議に彼の中に力が入って癒《い》やされ、歩きはじめました（五章八、九節）。ところが、これが宗教上の問題になりました。聖書に記された律法《りっぽう》には、「安息日には、何の業《わざ》をもしてはならない」とあるのに、床を取り上げて歩いたということで、ユダヤ人たちから非難《ひなん》が起こったからです。

その日は安息日であった。そこでユダヤ人たちは、そのいやされた人に言った、

「きょうは安息日だ。床《とこ》を取りあげるのは、よろしくない（許されていない）」。彼は答えた、「わたしをなおして下さった（健全にした）かたが、床を取りあげて歩けと、わたしに言われました」。彼らは尋《たず》ねた、「取りあげて歩けと言った人は、だれか」。しかし、このいやされた人は、それがだれであるか知らなかった。群衆《ぐんしゅう》がその場にいたので、イエスはそっと出て行かれたからである。

そののち、イエスは宮でその人に出会ったので、彼に言われた、「ごらん、あなたはよくなった（健全になった）。もう罪を犯《おか》してはいけない。何かもっと悪いことが、あなたの身に起るかも知れないから」。彼は出て行って、自分をいやしたのはイエスであったと、ユダヤ人たちに告げた。そのためユダヤ人たちは、安息日にこのようなことをしたと言って、イエスを責めた（迫害《はくがい》しつづけた）。

（五章九〜一六節）

旧約聖書には、至《いた》るところに「安息日（シャバット）を守れ」と書いてあります。なぜ、安息日をそんなに大事にしなければならないのか。

イスラエルは幾度《いくど》も滅《ほろ》ぼされた国です。アッシリア*やバビロニア*などの大帝国《だいていこく》に滅ぼされても立ち上がりました。しかし、ローマ帝国《ていこく》に滅《ほろ》ぼされてからは、二千年近く国の再建ができませんでした。それでも彼らが立ち上がることができたのは、安息日を覚えて皆《みな》がシナゴーグ(会堂)に集まり、トーラー(聖書)を読んで神を礼拝《れいはい》しつづけたからです。そこに、民族的な共同体の意識があります。

もしそれがなかったら、祖国から散らされていった異邦人《いほうじん》の地では、信仰は雲散霧消《うんさんむしょう》し、その土地の宗教や文化に同化してしまったことでしょう。彼らが同化しなかったのは、一つには彼らの民族的性格にもよりますが、もう一つは安息日を守ったからです。ユダヤの格言に「イスラエルが安息日を守った以上に、安息日がイスラエルを守ったのである」とあるとおりです。この伝統が、彼らの祖国再建を成就《じょうじゅ》せしめました。

安息日の二つの意味

安息日は、神が天地を造られて七日目に、創造《そうぞう》されたすべてがとても良かったのを見られて、お休みになったことに由来します(創世記二章一～三節)。それが、現在の土曜日に当たります(厳密《げんみつ》には、金曜日の日没《にちぼつ》から土曜日の日没までが安息日)。

旧約聖書の申命記《しんめいき》には、次のように書かれています。

安息日を守ってこれを聖とし、あなたの神、主があなたに命じられたようにせよ。六日のあいだ働いて、あなたのすべてのわざをしなければならない。七日目はあなたの神、主の安息であるから、なんのわざをもしてはならない。（五章一二〜一四節）

これが安息日を守る第一の理由ですが、さらに続けて次のように書いてあります。

（安息日は）あなたも、あなたのむすこ、娘《むすめ》、しもべ、はしため、牛、ろば、もろもろの家畜《かちく》も、あなたの門のうちにおる他国の人も同じである。こうしてあなたのしもべ、はしためを、あなたと同じように休ませなければならない。あなたはかつてエジプトの地で奴隷《どれい》であったが、あなたの神、主が強い手と、伸《の》ばした腕《うで》とをもって、そこからあなたを導き出されたことを覚えなければならない。それゆえ、あなたの神、主は安息日を守ることを命じられるのである。（五章一四、一五節）

すなわち、民族の贖《あがな》いを覚えることが、安息日のもう一つの意味だということです。

その昔、イスラエルの民《たみ》はエジプトで奴隷《どれい》であったのに、神様の強い御腕《みうで》によってエジプトから脱出《だっしゅつ》することができ、救われました。その時、エジプトの軍勢に追われたり紅海《こうかい》を渡《わた》ったりと、恐《おそ》ろしい経験でしたが、やっと逃《のが》れて休むことができた。

しかし時が経《た》つと、ある人は富み、ある人は貧しくなる。人を支配する者と卑《いや》しめられる者とが出てくる。この世はなんと格差の生まれやすい所だと思うでしょう。しかし、かつては皆《みな》、エジプトで奴隷として人間らしい生活をしていなかったのがユダヤ人でした。

それで、安息日には、奴隷として毎日重労働を強《し》いられていた時のことを思い出してみよ。そんな苦しかった時に希望があったか、なかったはずだ。しかし、愛の神様がおられたからこそ、イスラエルの民は救われた。そのことを忘《わす》れてはいけない。忘れないだけではなく、現在苦しんでいる人々のことや、働いている家畜《かちく》のことを思って、七日目には休ませる。この日だけは、やがて贖《あがな》われる生涯《しょうがい》の前味を味わうのだ――それが安息日の心だというんです。

また、七年に一度は安息年といって、この年には畑を休耕して休ませました。

さらに、「七」を七倍して四十九年が経ちますと、その翌年《よくねん》は「ヨベルの年」といいまして、その時には長い間の借金などをすべて棒引《ぼうび》きにする制度がありました。こうして、借金や負債《ふさい》などに苦しむ人々をも許す律法《りっぽう》が、聖書には古くからありました。

文明というものは良いものです。しかしながら、エジプト文明が栄えた陰《かげ》で、ユダヤ人は奴隷《どれい》として苦しみました。文明は、弱い者にとっては過酷《かこく》です。だが、その後のどんな文明にあっても、安息日だけは平等なんです。すべての業《わざ》を休んで、神の前に額《ぬか》ずくことに差別はない。そのことを通して、過酷な文明を超《こ》えることができる。また、贖《あがな》いの希望が湧《わ》きます。

聖なる世界に触《ふ》れる時

ですから安息日は、ただ労働しないというのではなく、神様の創造《そうぞう》の冠《かんむり》ともいうべき人間が、もう一段《いちだん》高い世界に接触《せっしょく》するために、特別な日を聖として覚え、神の前に出る時なんです。

安息日は、目に見える世界ではなく、見えない聖なる世界に触れる時です。

神を拝《おが》むのに、特別な聖所に行かなければならない、というような場所的な区切りというものはありません。しかしながら、時間の区切りはあります。それが安息日です。この時だけは特に聖別して、神の御前《みまえ》に出ようとする心が必要なんですね。

私たちは毎日、会社に、工場に、畑にと仕事に出て、苦労しながら生きています。

しかし、安息日だけは、人間らしい贖《あがな》われた生涯《しょうがい》の前味を味わうんです。現在の運命がどんなにひどいものであっても、かつて救いがたい奴隷《どれい》であった民族を救い出された神様が働いてくださるならば、なお希望があります。なお祈りが湧《わ》きます。

ベテスダの池のキリスト

もし、そのような神の世界がなかったなら、

「すべて運命だ、なるようになれ」と人間は運命論者《うんめいろんじゃ》に成り下がってしまうでしょう。

ですから安息日は、聖書の宗教にとっていちばん大切な日、中心の日です。

三十八年間、ベテスダの池のほとりにうずくまったままで、光明も希望もなかった病人。安息日を守るというが、今も神が贖いの業《わざ》を続けておられるならば、この安息日にこそ彼に希望が湧《わ》くのでなかったならば、本当の宗教とはいえない。これがキリストの主張された宗教でした。

　そこで、イエスは彼らに答えられた、「わたしの父は今に至《いた》るまで働いておられる。(だから)わたしも働くのである」。このためにユダヤ人たちは、ますますイエスを殺そうと計る(求める)ようになった。それは、イエスが安息日を破られたばかりではなく、神を自分の父と呼《よ》んで、自分を神と等しいものとされたからである。

(五章一七、一八節)

安息日に、ただ労働をやめるというだけなら、消極的なことです。
イエスの宗教はもっと積極的なものでした。ここでイエスは彼らに答えられました、「父なる神は天地開闢《かいびゃく》以来、今に至るまでその創造《そうぞう》の御業《みわざ》を、また贖《あがな》いの御業を続けておられる。だからわたしも働くのである」と。
イエスの宗教は、贖いということについて、実に積極的なものだった。この安息日の本当の意味がわかれば、キリストがなさったことは賛美すべきことです。

弱り果てて苦しんでいる者、足腰《あしこし》の立たない者を立たせ、健全にしよう、と神様は今も生きて働いておられる。ですから私たちは、いつまでも病気につながれていることが信仰ではありません。病気につながれて「十字架《じゅうじか》、十字架」と言っているような信仰、それが今のクリスチャンの信仰ならば、私たちは「ノー（否《いな》）！」と言う。

「キリストの神様、この寄る辺のない、病《や》める傷《きず》ついた人の運命を、どうか贖《あがな》って祝してください！」と祈ってこそ、積極的な宗教じゃありませんか。それこそ、安息日の精神です。

ですから、キリストは安息日を破られたのではなく、本来の意味を充実《じゅうじつ》されたんです。

神の愛はじっとしておられない

「わたしの父は今に至《いた》るまで働いておられる。わたしも働くのである」（五章一七節）
こう言われて、神に相即《そうそく》して生きておられたのがイエス・キリストでした。
すなわち、神は今に至るまで働いておられる、行動しておられる。

それが神のご性格なんです。

火が燃えて焼《や》き尽《つ》くすことは、火の性格です。

そのように、神の愛の性格はじっとしておられない。

「神の愛」という言葉が、倫理《りんり》の徳目であり教理であるならば、私たちに救いはありません。しかし、生きた神様が愛するという時に、もうじっとしておられずに、三十八年間、足腰《あしこし》が立たなくて苦しんでおった者を慰《なぐさ》め、喜ばせることができる。これが聖書の神様です。そのような神への信仰をもつ者は、神に近づいてゆくことができます。

どうか私たちは、不健全な信仰を捨《す》てようではありませんか！

神が、私たちの全きことを、健全であることを欲《ほっ》しておられるならば、すっかり神に委《ゆだ》ねて生きることが大事です。神に委ねさえすれば、ほんとうに心ほどけて生きることができます。コチコチにならずに生きることができる。これが安息の信仰です。

すっかり神に委ねた時に、心に平安が、安息が参ります。

神は生きておられ、私たちの守護者でありたまいます。運命を変えることができるのは、私たちの神だけです。どうぞ神だけに頼《たよ》って生きとうございます。

祈りります。深く呼《こ》吸《きゅう》をしてください。

キリストの神様、私たちの天の父の本当のお姿《すがた》とご愛を示してくださいまして、ありがとうございます。安息日は、単なる儀《ぎ》式《しき》ではなくして、神に接する接点です。どうか、日曜日ごとに集《つど》う私たちに、あなたに接する時を導いてくださるようお願いいたします。

ここに集う一人ひとりに、驚《おどろ》くべき天来の祝福を置いていただき、恵《めぐ》みの露《つゆ》に潤《うるお》される魂でありますよう、お願い申し上げます。全日本に散りて宿れる神の族《やから》、また全世界にあるあなたの御《み》民《たみ》を、どうか顧《かえり》みてください。

この十六日には、第《だい》一《いち》陣《じん》の兄弟姉《し》妹《まい》たちがシオン*の都に向かって巡《じゅん》礼《れい》に旅立ちます。

多くの預言者や使徒たち、神の人たちが次々と現れました舞《ぶ》台《たい》を見にまいりますが、どうぞ帰ってきます時には、神の人らしい香《かお》りを携《たずさ》えて、今後の生《しょう》涯《がい》が最も恵まれた、最も光栄あるものになりゆく第一歩としてくださるようお願いいたします。

尊《とうと》きキリストの御名により祈り奉《たてまつ》ります。

（一九七三年三月十一日）

＊アッシリア…メソポタミアのチグリス川中流に生まれた、古代オリエント最初の世界帝国《ていこく》。紀元前七二二／一年、この帝国の王・サルゴン二世によって北のイスラエル王国は滅亡《めつぼう》した。
＊バビロニア…チグリス・ユーフラテス川の下流地方に起こった古代帝国。紀元前五八七／六年、この帝国の王・ネブカドネザルによって南のユダ王国は滅亡した。
＊シオン…旧エルサレム市街の南西側にある丘《おか》の名。エルサレムの雅名《がめい》。紀元前一〇〇〇年頃《ごろ》に、ダビデがこの地を王都として定めてから、「シオン」は神の都を意味するようになった。

〔第一九講　聖句　ヨハネ伝五章一六～二〇節〕

16そのためユダヤ人たちは、安息日にこのようなことをしたと言って、イエスを
責めた。17そこで、イエスは彼らに答えられた、「わたしの父は今に至《いた》るまで働い
ておられる。わたしも働くのである」。18このためにユダヤ人たちは、ますますイ
エスを殺そうと計るようになった。それは、イエスが安息日を破られたばかりでは
なく、神を自分の父と呼《よ》んで、自分を神と等しいものとされたからである。
19さて、イエスは彼らに答えて言われた、「よくよくあなたがたに言っておく。
子は父のなさることを見てする以外に、自分からは何事もすることができない。父
のなさることであればすべて、子もそのとおりにするのである。20なぜなら、父は
子を愛して、みずからなさることは、すべて子にお示しになるからである。そして、
それよりもなお大きなわざを、お示しになるであろう。あなたがたが、それによっ
て不思議に思うためである」。

第一九講

神の安息に入る信仰

ヨハネ伝五章一六〜二〇節

安息日は、聖書の宗教の土台骨《どだいぼね》でして、これが揺《ゆ》らぎますと成立しなくなるくらい、大きな根底をなしております。しかし、安息日というのは、ただ働くことをやめることなのかというと、そうではありません。精神的に安息を得ることが大事です。これは、宗教の極意《ごくい》だと私は思います。

魂の父として神を知った人

そのためユダヤ人たちは、安息日にこのようなことをしたと言って、イエスを責めた(迫害《はくがい》しつづけた)。そこで、イエスは彼らに答えられた、「わたしの父は今に至《いた》るまで働いておられる。（だから）わたしも働くのである」。このためにユダヤ人たちは、ますますイエスを殺そうと計る（求める）ようになった。それは、イエスが安息日を破られたばかりではなく、神を自分の父と呼《よ》んで、自分を神と等しいものとされたからである。

（五章一六〜一八節）

安息日に、イエスが三十八年間病で苦しんでいた者を立ち上がらせられた時、ユダヤ人たちはイエスが安息日を破ったと思いました。それは、律法《りっぽう》の書に「安息日には何の業《わざ》をもしてはならない」とあるのに、その病人が「床《とこ》を取り上げて歩いた」からでした。そればかりでなく、イエスが「神を自分の父と呼んだ」と言って責めました。

イエス・キリストは、「お父様！　わたしのお父さん！」と言って魂の父を呼ばれた。そのように、神をご自分の父のように親しい人格的存在《そんざい》として知った人が、イエスでありました。これは観念ではありません。ほんとうに共に物語るようにも、近しく魂の父なる神と共に歩かれたのがイエス・キリストでありました。

そのことを、「自分を神と等しくし、神を人間のように引き下げて、父と言ったりするとはけしからん」と、当時の祭司や宗教家たちが攻撃《こうげき》しました。

信仰とは神に安らぐこと

ここでユダヤ人たちはキリストに対して、「どうしてあなたは、安息日を破るようなことをしたのか。また、どうしてこのように、三十八年間立って歩くこともできない者が急に立ち上がって歩きはじめたりしたのか」ととがめ、いぶかったとあります。

それに対し、むしろ安息日の意義を徹底《てってい》して生きるならば、病気で苦しむ人が癒《い》やされるようなことが起こるはずだ、というのがイエス・キリストの論法《ろんぽう》でした。

それを、もっと精神的に言うならば、ヘブル書に次のような言葉があります。

「きょう、み声を聞いたなら、あなたがたの心を、かたくなにしてはいけない」……安息日の休みが、神の民《たみ》のためにまだ残されているのである。なぜなら、神の安息にはいった者は、神がみわざをやめて休まれたように、自分もわざを休んだからである。

（四章七〜一〇節）

ここにありますように、信仰は己《おのれ》の計らいをやめて、神の安息に入ることです。

ギリシア語で「信仰」を指す語は「πιστις《ピスティス》」といいます。このピスティスから生まれた「πιστευω《ピスチューオー》」という動詞《どうし》は、「(確かであると)信じる」ことを意味しますが、もう一つ、その確かなるものに「信託《しんたく》する、信任する、委《ゆだ》ねる」という意味を含《ふく》んでいます。確かなものに任せたら、もう何も心配はいりません。

ある人は、若《わか》い時に一生懸命《いっしょうけんめい》働いてお金を貯《た》めて、それを銀行に預けておけば晩年《ばんねん》は安らかに過ごせる、と思ってお金に信頼《しんらい》する。しかし、昔貯めたお金で安らごうとした人が、四十年、五十年経《た》ち、ほんとうに安らいでいますか。私どもが若い頃《ころ》は、五千円の金があれば家が建ったものですが、今は五千円で何ができるでしょう。そんなものが確かでないことは、時代と共にお金の価値《かち》が大きく変わっていることを見てもわかります。

では、何が最も確かなものでしょう。ある人は地位を求め、ある人はお金を求め、ある人は家庭にと、どこかに安らぎを得ようとする。

それらに対して、信仰とは神に信頼し、神に安らぐことをいうんです。

神に安らぐことが、本当の安息です。それは、ただ手をこまねいて不精《ぶしょう》して休むというのとは違《ちが》います。キリストが驚《おどろ》くべき奇跡《きせき》を次々と起こされたように、神の安息に入ることは、ものすごいエネルギーを含《ふく》むことです。

自分からは何もできない

さて、イエスは彼らに答えて言われた、「よくよくあなたがたに言っておく。子は父のなさることを見てする以外に、自分からは何事もすることができない。父のなさることであればすべて、子もそのとおりにするのである。なぜなら、父は子を愛して、みずからなさることは、すべて子にお示しになるからである。そして、それよりもなお大きなわざを、お示しになるであろう。あなたがたが、それによって不思議に思うためである」。

（五章一九、二〇節）

ここで「子」というのは「υιος《ヒュイオス》　息子《むすこ》」のことです。ご自分を、神の息子と自覚しておられたのがイエスでした。

「子は父のなさることを見てする以外に、自分からは何事もすることができない。父のなさることであればすべて、子もそのとおりにするのである」とありますが、原文には、日本語訳《やく》の「すべて」という語はなく、「何でもそっくりに」です。「そっくりに」というのは「ομοιως《ホモイオース》　同じように、～に似て」というギリシア語ですから、「同じように行なう」ということです。これを直訳すると、

「息子《むすこ》は父が何をなさるのかを見ないならば、自分からは（自分の力では、自分の意志では、自分の側からは）、何ひとつなすことができない。なぜなら、かの方（父）のなさることを、何でも息子も同様にする（行なう）からである」となります。

さらに、「それよりもなお大きなわざを、お示しになるであろう。あなたがたが、それによって不思議に思うためである」とありますが、ここは「不思議に思う」ではなくて、「θαυμαζω《サウマゾー》　ビックリする、驚嘆《きょうたん》する」というギリシア語です。これは、「人々が驚《おどろ》くために不思議な業《わざ》をする」というのではなく、「ビックリするくらいに驚くことが行なわれるだろう」という意味です。

キリストは、病気がひどいから治らないだろうか、あるいは治るだろうか、そんなことは考えられない。父なる神様は、子を愛しておられるから、何でも示してくださる。それ

を見て、示されたとおりにやるだけだ。そうやって神の懐《ふところ》に憩《いこ》い休んでいる者には、驚《おどろ》くべきことが起きるのだ――これがキリストのお気持ちでした。

三十八年間、ベテスダの池のほとりで、かわいそうに自分の運命を呪《のろ》いながら呻《うめ》いている人を見た時に、イエス・キリストの目の前に神のお姿《すがた》が顕《あらわ》れて何かをお示しになった。それに応じて、「立て！　床《とこ》を取り上げて歩め！」と言ったら歩いた。自分は何もしなかった、と言われる。

これが本当の信仰です。このことができずに、信仰を考え事にしている場合は、一生《いっしょう》懸命《けんめい》にやってもうまくゆきません。

生きながら死人となりて

私は今まで何度もヨハネ伝を講義してきました。講義するたびに、もっと深い読み方があるだろうと思って、以前にお話ししたようなことは、ここではほとんどしません。今回、ここを読んでひらめきました。

「安息日を破った」と言われたことに対して、イエスは「破ってはいない」と言わんばかりにお答えになった、と書いてありますね。

それは、先ほど読みましたヘブル書にあるように、神の安息に入る者は、己《おの》が計らいをやめて、神に信じているということです。「そうだ、私もそのお姿《すがた》のように生きたらよいのだ」と思いました。


生きながら死人となりてなり果てて思いのままにする業《わざ》ぞよき　（至道無難禅師《*しどうぶなんぜんじ》）

という古歌があります。死人になったら、何もできはしません。そのように、生きていながら己《おのれ》に大死一番した状況《じょうきょう》で、思いのままにする業が素晴《すば》らしいのだ、という。これは信仰の極意《ごくい》を教えるものです。十字架《じゅうじか》の信仰の極意ですね。その時に、驚《おどろ》くべきエネルギーがその人から流れ出てくるんです。

そう思ったら、昨晩《さくばん》は「そうだ、そうだ」と何だか夜中に私は嬉《うれ》しくなりました。

このたびは、四百人近い人数でイスラエルに巡礼《じゅんれい》します。そのためにいろいろな出発前の準備もあり、あれこれ考えたりして昨夜はずっと起きていました。そして朝方、聖書を開いて集会の講義に備えようとしました。

「今日は、そんなに長い聖書講義をしなくていい。私に必要なことは、このことを皆《みな》さんに解説することじゃない。自分がそのような安息に入っていなければならない」――そう思ったら急に眠気《ねむけ》が差しまして、目が覚めたのが十時半です。「こりゃ大変だ！　なんで、ぼくを起こさなかったか」と叫《さけ》んで出かけてきました。

集会はとうに始まっていたので、どうもきまりが悪くて、コソコソ入ってきましたけれども……、おかげで今日は気持ちが爽《さわ》やかですね(笑)。

とにかく、神の安息に入る、ここに信仰の極意《ごくい》があります。

無心ということ

江戸時代に、*沢庵禅師《たくあんぜんじ》が*柳生宗矩《やぎゅうむねのり》に剣《けん》の極意を伝えておりますが、それは「無心」ということです。自分を無にするということが極意である。何かにとらわれて引っかかるから、剣を自由に振《ふ》り回《まわ》すことができない、ということを言っております(『不動智神妙録《ふどうちしんみょうろく》』)。

また、*老子という支那《シナ》の哲人《てつじん》は、「聖人には常の心なし」と言いました。

「常の心がない」とは、普通《ふつう》の人のように、何事にもあくせくとらわれて生きていない。

融通無碍《ゆうずうむげ》な心をもち、幼《おさ》な子《ご》のように無為自然《むいしぜん》に生きている。そういう境地にある時に聖人だということです。ところが世の権力者《けんりょくしゃ》、政治家、その他の地位がある人は、自分にとらわれ、何かにとらわれて生きている。だから本当の大きな力、知恵《ちえ》が湧《わ》いてこない。イエス・キリストが言われるのもそれです。しかし、ただ無に徹《てっ》することが大事である、ということだけではありません。神の安息に入る時に、神の力がその人を動かしだす、と言われるんです。

多くの人は、「神様、どうぞ私にカリスマ的な力を与《あた》えてください」と祈ります。しかし、神はご自分が用いたい器《うつわ》を求めておられる。器というものは、空っぽでなければ、力や恵《めぐ》みを注《そそ》ぎ込《こ》むことができません。何かの既成概念《きせいがいねん》や先入主がありましたら、神はその人を用いることができない。何かにとらわれ、何かにこだわるからです。

人間は、神から恵みを、力を求める。しかし、神は空《うつ》ろな器を求められる。

そのような器を見出《みいだ》したら、神は余すことなく力を注ぐことがおできになります。それが大事ですね。何か自分にとらわれ、主義にとらわれ、考え方にとらわれていたら、宗教生活は全うできません。

自分を離《はな》れた心になるには

先日、静岡で伝道している延広年盛《のぶひろとしもり》君を少し叱《しか》りました。彼は良い目をしています。でも私の言うことに対して、反抗的《はんこうてき》ににらみます。「どうして、そんな目をするのか。それでは、君はぼくの言うことはわからないよ」と言って、次のような話をしました。

この前の日曜日、この集会に社会党の参議院議員で小柳勇《こやなぎいさむ》という先生が来られました。小柳さんはクリスチャンで私の古い友人ですが、ここで写真を撮《と》った。それを議員会館に持っていってお渡《わた》ししたら、

「いやあ、私も変わったなあ。こんなにニッコリ笑った写真なんか一枚《いちまい》も持っていない。写真を撮るとなると、寸分《すんぶん》も隙《すき》がないぞ、というような構えた格好にどうしてもなる。特に、党や組合の運動をやっていると対立意識というものがあって、いつも硬《かた》く、厳《きび》しい表情で写真に写っていた。来年は参議院選挙があるけれども、こんな笑顔の写真をポスターにしたら、きっと票になる（笑）」と言われました。結局、人間の表情というものは心の表情ですね。小柳さんは、この集会にやって来られて、よほど嬉《うれ》しかったのでしょう。「こ

んな良い写真を」と言って喜んでおられた。私も嬉《うれ》しかったです。

そんな話を延広君にするんです。彼は純情《じゅんじょう》で、私は彼を愛しています。私とは親子みたいなものですから、突《つ》っかかってもきます。彼は私に諭《さと》されて、何か胸《むね》につかえるものがあったのでしょう。

「君はそのような刺々《とげとげ》しい顔をしているが、それでは宗教を講ずる資格はない。どうして、ほどけないか。そんな時に、ぼくだったらどうするだろう。人から心ないことを言われたり、または誰《だれ》かが本当の教訓を与《あた》えてくれても、自分が納得《なっとく》できないような時には、ぼくはいつも目をつぶって天を見上げるよ。『天のお父様、この人がこう言いますけれども、私はどうしたらいいでしょうか』と目に涙《なみだ》を溜《た》めて、私を愛してくださるキリストを見上げる」。そう言いましたら、彼も一瞬《いっしゅん》祈り心になり、すっかり顔が和《やわ》らいだ。男惚《おとこぼ》れのする顔です。それで、

「ほら見てみろ、こんなに柔和《にゅうわ》な良い顔になるじゃないか」と喜び合ったことでした。

自分というものを離《はな》れて考えることは、誰でもなかなかできないことです。人間の頭で考え事をしている間は、変われない。しかし、祈って神に委《ゆだ》ねまつりますと、ほんとうに

自分を離《はな》れることができます。

心が変われば、顔が変わる。やがて運命も変わります。知恵《ちえ》が湧《わ》き、力も出ます。そして救われるんです。これは宗教生活の心得です。これを、毎日毎日の生活においてすることが大事です。人と対立する感情をもっておる間は駄目《だめ》ですね。

キリストだけを見上げて

イエス・キリストが、安息日を破ったと非難《ひなん》された時に、「わたしにとって安息日とは、自分の計らいを休めて神の懐《ふところ》に憩《いこ》うことだ。神の懐に憩うと、自分はもう天の父がなさることだけを見てする以外にないのだ」ということを言われた。それくらいに、ご自分は神と一つの心であられた。一つの心になると、一つの体のように動くことができる。

二歳《さい》になる私の孫を見ていますと、何でもジーッと無邪気《むじゃき》に見ておりますね。それでいろいろな物事の関係がわかるんです。これはどうするんだ、ああするんだ、と。そして、私がやるとおりにしますね。これは無邪気というか、私心《わたくしごころ》がないから、そっくり覚えるんです。大事なのは、この無邪気な心、無心ということです。

それをイエス様は言われるんです、

「父は子を愛して、みずからなさることは、すべて子にお示しになるからである。そして、それよりもなお大きなわざを、お示しになるであろう。あなたがたが、それによって不思議に思うためである」（五章二〇節）と。

本当の信仰の安息に入り、神様にすべてを任せまつったら、いろいろ不思議なことばかり起きる。人間の頭では困難《こんなん》だと思うことにも、奇跡《きせき》以上の奇跡が起きる。神様だけを、キリストだけを見上げていたら、二千年の時空を超《こ》えて、今も不思議なことが起きる。これが信仰の奥義《おくぎ》なんです。

「よくよくあなたがたに言っておく。子は父が何をなさるのかを見ないならば、自分からは何ひとつなすことができない」（五章一九節）

これは、自分からは何もしないというのですから、絶対の安息です。

天の父は今に至《いた》るまで働いておられる。わたしも働くけれども、それは自分ではない。神様が何かしようとしておられるのが目に映《うつ》る。愛されている者には、愛する者の心がわかるように、自分も父のなさることを見てするだけだ。そうすると、ソックリそのようになる。否《いな》、今後もっとえらいことが起こる、と言われる。

我《が》を捨《す》てて神に聴《き》く

子供《こども》の時だと、英語の会話でも何でも、言語はすぐ身につきます。これは無邪気《むじゃき》だからです。無心だからです。理屈《りくつ》を考えないからです。同様に、天のお父様がなさるとおりにするというのは、幼《おさ》な子《ご》の心理ですね。キリストは、すっかり神の懐《ふところ》に抱《いだ》かれた幼な子のように生きておられた。

「父は子を愛して」（五章二〇節）と書いてありますが、私たちも天の父なる神様に愛されている。愛される関係においては理屈はいりません。考えたり反抗《はんこう》したりしません。愛は人の心をほどきます。そうすると、天の父はすべてのことをお示しになる。ですから、自分が何かをするのではない。神の霊が働いて、人間にさせるんです。私たちは、その道具に、器《うつわ》になればいいんです。

神は、そのような無邪気で無心な者、ただ神の御心《みこころ》だけを聴こうとし、神のお気持ちを汲《く》もうとだけする者を通してお働きになるということです。

あまりに己《おの》が計らいの働きすぎる、人間くさい現代のキリスト教。一生懸命《いっしょうけんめい》かもしれないが、それが宗教であるかのように思われる時に、イエス様の信仰はずいぶん違《ちが》うことがわかります。このキリストの信仰なら誰《だれ》でもできる。しかし誰でもはできません。いちばん難《むずか》しいのは、「我《が》を捨《す》てて無心になる、無我になる」ということです。

金剛経《こんごうきょう》に、「応無所住《おうむしょじゅう》　而生其心《にしょうごしん》（まさに住する所なければ、その心を生ずべし）」という有名な言葉があります。「住する所がない」というのは、心が何かにとらわれたり執着《しゅうちゃく》したりすることがない、という意味です。自分というものにとらわれている間は、神の心が映《うつ》っても感じません。とらわれていますからね。しかし、とらわれがなくなると、「その心」、すなわち菩提心《ぼだいしん》といいますか、神の心が生まれてきます。

今日、私たちは聖地*巡礼《じゅんれい》に出発します。

イスラエルへ行くのについて、私たちにいちばん必要なことはこの気持ちだと思います。いつも父なる神様をまともに見上げるようにして、「お父様、どうしましょうか」と、自分で考えるよりも祈るんです。キリストにおいて祈るということは、自分の願いを押《お》しつけることではなく、神に聴《き》くことでした。神を見上げることでした。その時に、驚《おどろ》くべきことが起きます。これは信仰の極意《ごくい》の極意です。

今の人々は、何でも合理的にものを考えます。そして割《わ》り切《き》ります。ですから、驚くべきことが起きても、何も感じません。だが、ユダヤ人の宗教哲学者《てつがくしゃ》*アブラハム・ヘシェルが申しますように、信仰はまず驚異《きょうい》から、驚くことから始まるんです。

無感動で驚かない者には、信仰はわかりません。何でも理屈《りくつ》で、人間が偉《えら》いと思っている人は驚きません。人は驚かないことが良いんだと思うかもしれませんが、そうではない。いよいよ自分の心を無にして、「神様！」と言って従《したが》う時に、また神に寄《よ》り頼《たの》む時に、驚くべきことが起きるんです。

祈ります。

天のお父様、御名《みな》を賛美いたします。

私たちは小賢《こざか》しくも自分でただ考え、思《おも》い悩《なや》んだりします。そのことのゆえに、失敗ばかりして罪を犯《おか》してきました。どうかこれからは、すっかり委《ゆだ》ねきった生涯《しょうがい》に入りとうございます。どうぞ、一人ひとりをお導きくださいますよう、お願いいたします。

今日、私たちはイエス・キリストや多くの預言者たち、神の使徒たちを輩出《はいしゅつ》しました聖地を訪《おとず》れるために出発します。このような不思議なグループを興《おこ》したもうた大御名《おおみな》を賛美いたします。

出ると入るとを守りたもう神様、シオンの旅路を続ける時に、前途《ぜんと》に危険《きけん》や困難《こんなん》がありましても、たとえ死の陰《かげ》の谷を歩むとも災《わざわ》いを恐《おそ》れじ。神様が共におられるという、巡《じゅん》礼《れい》の信仰を深め、身につけて帰ってきとうございます。

その昔、イエス・キリストにまざまざとお姿《すがた》をお示しになりました神様、私たちは感受性の鈍《にぶ》い者たちですけれども、お示しくださるようお願いいたします。

尊《とうと》き御名によって祈り奉《たてまつ》ります。

（一九七三年三月十八日）

＊至道無難禅師《ぜんじ》…一六〇三～一六七六年。江戸時代の臨済宗《りんざいしゅう》の僧《そう》。江戸の禅界に重きをなし、常に形式主義や出世主義を批判《ひはん》して平民的宗風《しゅうふう》を鼓吹《こすい》した。

＊沢庵禅師《ぜんじ》…一五七三〜一六四五年。江戸時代初期の臨済宗《りんざいしゅう》の僧《そう》。幕府《ばくふ》の宗教行政に抵抗《ていこう》し、流《る》罪《ざい》となる。後に徳川家光《いえみつ》の帰依《きえ》を受けて、品川に東海寺を開く。

＊柳生宗矩…一五七一〜一六四六年。江戸時代初期の代表的な剣客《けんきゃく》。新陰流《しんかげりゅう》の達人。徳川将軍《しょうぐん》家の兵法《ひょうほう》指南役を務める。

＊老子…生没年《せいぼつ》不詳《ふしょう》。中国古代の思想家。道家の祖。その著書《ちょしょ》とされる『老子』は、道家の根本経典。あるがままに生きる「無為《むい》・自然」の道を説いた。

＊聖地巡礼《じゅんれい》…幕屋における第八回の聖地巡礼団。手島郁郎にとって最後の巡礼となった。

＊アブラハム・ヘシェル…一九〇七〜一九七二年。ポーランドに生まれる。二十世紀を代表するユダヤ教思想家。ユダヤ教神学院教授。神には熱情(パトス)があり、人間を探《さが》し求《もと》めていることを説く。最晩年《さいばんねん》に手島郁郎との出会いがあり、互《たが》いに深く共鳴。日本の幕屋を訪問《ほうもん》する直前に死去。

第二〇講

ただ父なる神に倣《なら》って

ヨハネ伝五章一九、二〇節

ヨハネ伝を読むと、「神と人間」は対立的なものではなく、父なる神様と人間イエスが、いかに一つになって生きておられたかを知ることができます。そのことについて、イエス・キリストは次のように言われて、ご自分の信仰の秘密《ひみつ》をお説きになりました。

さて（それゆえに）、イエスは彼ら（ユダヤ人たち）に答えて言われた、「よくよくあなたがたに言っておく。子は父のなさることを見てする以外に、自分からは何事もすることができない。父のなさることであればすべて、子もそのとおりにするのである。

なぜなら、父は子を愛して、みずからなさることは、すべて子にお示しになるからである」。

（五章一九、二〇節）

一九節にある「よくよくあなたがたに言っておく」という表現は、ヨハネ伝にたびたび出てきますが、これは原文では「アーメン（まことに）、アーメン、あなたがたに言う」という言葉です。「本当のことを、あなたがたに言うけれども」という意味ですね。すなわち、キリストの素晴《すば》らしいご生涯《しょうがい》の秘密《ひみつ》は、「子は、父のなさることを見てする以外に、自分からは何事もすることができないのだ」ということです。

家庭教育というものを見ますと、子供《こども》は親のすることを見て育ちます。特に古代社会においては、家業を継《つ》ぐために、息子《むすこ》は父親の技術や経験などを青年時代になるまでに身につけて、跡《あと》を継いだものでした。父親を見上げながら跡継ぎとなる。こういう態度の累積《るいせき》が文明を形成したのであります。

人と父なる神様との関係も同様で、「神様は何をなさるのだろうか」といつも見ながら生きられたのがイエス・キリストでした。ある人が、「小さな自分が考えたって、わからない」ということを言われましたが、そのとおりです。小さな自分が考えてもわからないならば、もっと偉大《いだい》な存在《そんざい》に聴《き》いたほうが早道です。

しかし、この頃《ごろ》の若《わか》い人たちは「私はこう考えます。私は、私は……」と主体性を強調します。そのことは悪いことではありませんが、それが、その人の成長を妨《さまた》げる。あるいは、その人の運命をふさいでいるのを、しばしば見ます。もっと、多くの経験を積んだ人たちについて学べばよいのに、学ぼうとしない心。そのために自分が開かれずにいる。そして、先輩《せんぱい》から学ぶことの大事さをわからずにいます。

大いなるものを見習う

青年時代は、反抗期《はんこうき》といって、何かに反抗してみたいという心理が働きます。それは、ある意味では結構です、自我《じが》が確立しますから。しかしながら、大いなる我《われ》を形成しようと思うならば、大いなるものの声を聴き、大いなるものに見習うということをしない限り、人間として完成するということはない。一人の人間の短い人生で、完成期に入ることはありません。

イエス・キリストは、「父なる神のなさることを見て行なう以外には、自分は何もできない」とまで言われました。これは道徳的服従《ふくじゅう》関係ではありません。神様との愛の一致《いっち》による、霊的な関係から生まれたお気持ちでした。あまりにも驚《おどろ》くべき天界を見られ、あまりにも素晴《すば》らしいことを聴《き》かれ、あまりにも神の愛に圧倒《あっとう》されておられたゆえに、もう自己《じこ》を忘《わす》れ、自己の力すら忘れられたのがイエス・キリストでありました。取《と》り巻《ま》く聖霊の愛の雰囲気《ふんいき》は、自《おの》ずと無心に従《したが》わずにはおられない何ものかがあるんです。

福音書《ふくいんしょ》を読みますと、キリストは人気《ひとけ》のない所に行っては、父なる神様を仰《あお》いで祈られるのが常でした。そうすると、神のお姿《すがた》がありありと現れて、何かを黙示《もくし》される。「ああ、そうですね、それではわたしはそうしましょう」と単純《たんじゅん》に思われて、それを行なわれる。そこに奇跡《きせき》がいつも起きている。ベテスダの池のほとりで、三十八年間寝《ね》たきりだった人が立ち上がるという奇跡も、そうして起きました。

神の御声《みこえ》を聴くには

それについて、「なぜなら」と二〇節にあります。「なぜなら、父は子を愛して、みずからなさることは、すべて子にお示しになるからである」と。

すべて芸事でも、極意《ごくい》に至《いた》ろうとすると、昔から「免許皆伝《めんきょかいでん》」といって、師匠《ししょう》が奥義《おくぎ》を伝えてくれたものです。剣道《けんどう》でも、跡目《あとめ》を継《つ》がせるために特に優《すぐ》れた弟子《でし》を選んで、その人に奥義を伝えました。

そのように、父なる神様はイエス・キリストを愛しておられて、その証拠《しょうこ》にすべてのことを教えてくださるのだ、というんです。私たちも、「神様、どうぞお示しください。神様の御心《みこころ》の奥義を、神様が何をなそうとしておられるか、その御業《みわざ》の奥義を、どうぞお知らせください」と祈りとうございます。その時に、人が驚《おどろ》くような大いなる神の御業が現れます。

生まれながらの肉の人間は、神の御声を聴《き》けません。また霊界を見ることもありません。しかし、聖霊に満たされて無心になると、神の御声を直覚し、少しずつ御心を直観できるようになります。私たちの一群に、まず神の声を聴いて、それに従《したが》って行動する者が生まれるならば、神はその人を通して驚くべきことをなさいます。どうか、もっと神の世界を見、かつ聴き、我を忘《わす》れて神に従う者でありたい。これ、私の祈りです。

キリストの生地イスラエル

このたび（一九七三年三月）、四百人近い人たちとイスラエルに巡礼《じゅんれい》に行きました。その時、いろいろと嬉《うれ》しいことがありました。

日本では、私たちの「幕屋的信仰《まくやてき》」なんていっても、クリスチャンは「何ですか？」というような顔をしています。しかし、イスラエルという聖書の本場に行ったら、幕屋の信仰がいかに大きな尊敬《そんけい》を受けているかを、皆《みな》さんはごらんになったと思います。イスラエルでは、子供《こども》たちまで幕屋のことを知っていて、国を挙げて歓迎《かんげい》されました。私たちとイスラエルが関係をもつようになってから、わずかの年月しか経《た》っていないのに、誰《だれ》がこのようなことになると思ったでしょう。

この巡礼に参加された参議院議員の西村関一《せきかづ》先生と食事を共にしました時に、次のように言われました、

「私はクリスチャンとして、今まで手島先生に対して、失礼だけれども一つの反感をもっていました。それは、あなたがイスラエルを愛しすぎるということです。しかし、このた

エルサレムのオリーブ山頂に集う巡礼団

びイスラエルに来てみて、何だかわかったような気がしました。あなたは聖書を読み、神を信仰するあまり、イスラエルを愛するんですね」と。

それに対して私は言いました、

「私がイスラエルを愛するのは、私に真の宗教を、神の道を教えてくださったのがイエス・キリストだからです」と。

イエス・キリストは、このイスラエルの地にお生まれになり、この地で十字架《じゅうじか》につけられて最期《さいご》を遂《と》げられました。その十字架の前に、「ああ、エルサレムよ、エルサレムよ」と嘆《なげ》きつつ、次のように言われた、

「エルサレムは、やがて滅亡《めつぼう》するであろう。そしてユダヤ人は世界に散らされるであろう。だが、異邦《いほう》

人《じん》の時期《とき》が満つる時に、再びユダヤ人の手に回復するであろう」(ルカ伝二一章)と。

それからおよそ千九百年の時を経て、一九四八年にイスラエルの国が再建され、一九六七年にはエルサレム旧市街がユダヤ人の手に奪回《だっかい》できた。キリストの預言が成就《じょうじゅ》する、その時がついに来たんです! そうして、ダビデの子・ソロモン王が建てたエルサレム神殿《しんでん》の西《にし》の壁《かべ》まで、ユダヤ人は行くことができるようになりました。

イエス・キリストは、肉においてはダビデ王の子孫であり、二千年前に地上を歩まれた時はユダヤ人でありました。ユダヤ人の一人として、ご自分の国が滅《ほろ》びるということは悲しいことだったでしょう。しかし、「やがて試練の長い年月の後に、もう一度帰ってくることができるよ」と子々孫々に呼《よ》びかけるように、励《はげ》ますように、また慰《なぐさ》めるように言いつつ死んでゆかれた。

長い間、異邦人《いほうじん》に踏《ふ》みにじられたエルサレム。

ユダヤ民族は、そこにもう一度帰ることができた。

イエス・キリストはどんなにお嬉《うれ》しいだろう。そのことを思うと、私はたまらないんです。なぜかというと、もしイエス・キリストを知らなかったら、私は今なお闇《やみ》の中で運命に泣《な》き狂《くる》いながら過ごしてきただろう、と思うからです。しかし、キリストが新約的福音を説き、教えられたために、私は目覚めました。

神が喜びたもうことを

キリストなくして、私は生きる希望を知りません。多くの人は、イエス・キリストは二千年前の過去の存在《そんざい》のように思うかもしれませんが、私においては違《ちが》います。目をつぶれば、今なおイエス・キリストは私の贖《あがな》い主《ぬし》であります。

私の幼《おさな》い日に呼びかけてくださったその御声《みこえ》は、今も変わらない。生けるキリストの御声を聴《き》くなんて、あるいは錯覚《さっかく》かもしれないと思ったが、決してそうではありませんでした。キリストは間違いなく、私に呼《よ》びかけつづけてくださった。

そういうことを思うと、私にとっては、イエス・キリストとは生き生きとした血の通う関係なのであって、他の神学者や牧師さんたちが言っているようなキリストとは違うんです。私のキリストは、理屈《りくつ》の存在じゃないんです。

そのキリストがご在世ならば、どんなに今のこのエルサレム回復を喜ばれるだろうか。

そう思うと、「弟子《でし》の一人である私も嬉《うれ》しゅうございます」（泣きながら語る）、というのは当然なのであって、他《ほか》に理屈《りくつ》も子細も何もないんです。ただ、それだけなんです。愛ということは、そうじゃないでしょうか。

――そんな話を西村先生にしましたら、

「そのお話を聞いて、わかった」と言われました。

私が今、こうしてニッコリ微笑《ほほえ》んで生きられるような者に変えられたのは、キリストに出会って、自分を変えしめる生命《いのち》を与《あた》えられたからです（泣きつつ）。これを多くの人にもわかってほしい。この神の生命を注《そそ》ぎ込《こ》んであげたい。そうしたら誰《だれ》でも救われるのに、そう思って伝道しているだけです。

今回も、多くの人がイスラエルに行って、あまりにも熱烈《ねつれつ》な歓迎《かんげい》を受け、また幕屋が尊《とうと》ばれているのを見て、「いやあ、驚《おどろ》いた」と言われました。しかし私は、そういった結果はどうでもよかったんです。人からバカにされてもいいんです。私を贖《あがな》いたもうたお方が喜ばれることを、一緒《いっしょ》に喜べることが、私の喜びなんです！　それで、

「イエス・キリストが預言されたとおりに、エルサレムが回復したことを祝賀して、一緒

にイスラエルに行きましょう」と言いましたら、多くの人が行ってくださいました。
キリストが、またキリストが父と呼《よ》ばれた神様がお喜びになれば、それで私は十分です。

キリストに似る者に

結婚《けっこん》したばかりの若《わか》い無《む》邪気《じゃき》な妻は、夫が喜ぶならばと、財布をはたいてでもいろいろ買ってきて何かをこしらえるように、私は自分を愛してくださるお方のためにただやっているだけで、他《ほか》のことを考えたり名誉《めいよ》を考えたり、そんなことは微塵《みじん》も思ってはいません。愛されているということは、心を狂《くる》おしいほどにします。私が愛しているんじゃないんです。キリストに愛されている愛に、とてもお報《むく》いできずにおることを嘆《なげ》いております。

ここでキリストは、「父なる神様は、子を愛して、何でも示してくださる。祈れば何でも示してくださる」といって、ご自分の秘《ひ》密《みつ》を語っておられます。私は少しでもこれに似る者になりたい。キリストに似る者になりたい！　そう思うんですね。そのために、あらゆることをしようと思います。

（一九七三年四月八日）

〔第二一講　聖句　ヨハネ伝五章二四〜二九節〕

24「よくよくあなたがたに言っておく。わたしの言葉を聞いて、わたしをつかわ
されたかたを信じる者は、永遠の命を受け、またさばかれることがなく、死から命
に移っているのである。
25よくよくあなたがたに言っておく。死んだ人たちが、神の子の声を聞く時が来
る。今すでにきている。そして聞く人は生きるであろう。26それは、父がご自分の
うちに生命をお持ちになっていると同様に、子にもまた、自分のうちに生命を持つ
ことをお許しになったからである。
27そして子は人の子であるから、子にさばきを行う権威《けんい》をお与《あた》えになった。28こ
のことを驚《おどろ》くには及《およ》ばない。墓の中にいる者たちがみな神の子の声を聞き、29善《ぜん》を
おこなった人々は、生命を受けるためによみがえり、悪をおこなった人々は、さば
きを受けるためによみがえって、それぞれ出てくる時が来るであろう」。

第二一講

復活の生命に生きる

ヨハネ伝五章二四～二九節

「よくよく（アーメン、アーメン）あなたがたに言っておく。わたしの言葉を聞いて、わたしをつかわされたかたを信じる（信じている）者は、永遠の命（ζωή《ゾーエー》）を受け、またさばかれることがなく、死（の中）から命《ゾーエー》（の中）に移っているのである。よくよくあなたがたに言っておく。死んだ人たちが、神の子の声を聞く時が来る。今すでにきている。そして聞く人は生きるであろう。それは（なぜなら）、父がご自分のうちに生命をお持ちになっていると同様に、子にもまた、自分のうちに生命を持つことをお許しになったからである」。

（五章二四～二六節）

ここに、「死んだ人たちが、神の子の声を聞く時が来る。今すでにきている。そして聞く人は生きるであろう」（五章二五節）とありますが、神の子の声を聴《き》くだけで永遠*の生命に移《うつ》し替《か》えられる。そのような経験が今来ている、とイエス・キリストは言われる。それは、神が永遠の生命をもっておられるように、自分（キリスト）も同じ生命の流れの中に生きているからだ。それで、自分に連なり、自分を受け入れる者は、同様に永遠の生命の流れに浴することができるのだ、と。

神の声を聴く者は生きる

死んだ者が生き返るといえば、大きな奇跡《きせき》です。だが五章二四節を見ると、キリストが「わたしの言葉を聞いて、神を信ずる者は死から生命へと移ってきているのである」と言われているように、ここは肉体的に死んだ人が蘇《よみがえ》るということではありません。「死んだ人たち」とは、霊的に死んでいる人たちを意味します。

五章の初めには、三十八年間足腰《あしこし》が立たずに寝《ね》たきりだった男が、ひとたびキリストの御声《みこえ》を聴いただけで立ち上がって歩きだした、とあります。そんな墓の中におるような者

ペンテコステの日に聖霊降臨があったシオンの丘

を悲惨《ひさん》な運命から救い出し、枯《か》れ木《き》のようなものに花を咲《さ》かせるのがキリストのなさり方です。

イエス・キリストが十字架《じゅうじか》にかかられた後、弟子《でし》たちの上にも同様のことが起きました。

イエスの死後、弟子たちは希望を失ってガリラヤで漁師に成り下がっていた。しかし彼らは、復活されたキリストに出会いました。そして、キリストがお命じになったとおりに、エルサレムに戻《もど》って祈りつづけた。

やがて端《はし》なくも、弟子たちに不思議な出来事が起きました。それは、使徒行伝二章に書かれた、ペン*テコステの日の聖霊降臨《こうりん》でした。

彼らに聖霊が降《くだ》った時、キリストを三度も否《いな》んだあの弱いペテロが、益荒男《ますらお》のごとく人々に証《あか》しする者に変わった。なぜでしょう。それは、神の声を聴《き》いたからです。神の声が彼の内側から沸々《ふつふつ》と滾《たぎ》りはじめた時に、永遠の生命が彼を彩《いろど》りはじめたんです。ペンテコステの日に、弟子《でし》たちは死の世界から生命の世界に移されたのでした。

聖霊がダイナミックに働く宗教

私は今朝、ヨハネ伝の注解をしている学者たちの本をめくってみました。するると、誰《だれ》もこの箇所《かしょ》に対して、生き生きと答えておりません。しかし、今から百年ほど前のスイスの神学者フレデリック・ゴーデー*が、私と同様のことを言っておりました、「イエスは、『死んだ人たちが、神の子の声を聞く時が来る』と言われた。これはまさに聖霊降臨《こうりん》のことである」と。さすがはゴーデーだと思いました。

墓の中にいるような絶望的な人間。しかし、そのような者が神の声を聴く時に、もうみずみずしい生命に満たされるんです。神の声を聴く人は、みんな生かされる。これは、聖霊経験をもっている人でないとわかりません。聖霊経験がないと、聖書はどれだけ読んだってわからないんです。

私たちも、この世的には卑《いや》しい、惨《みじ》めな者たちの群れです。けれども神様！　あなたはなんと不思議な神様でしょう。公平な神様でしょう。ひとたび聖霊を受けたならば、地上ではいかに貧しく乏《とぼ》しく卑しくあっても、決して不幸ではない。私たちは、この世の苦しみがあったがゆえに永遠の生命を注がれたのだ、と思うと感激《かんげき》でなりません。

ですからキリストの宗教は、他の静かな観念的な宗教と違《ちが》って、死からも立ち上がる、ダイナミック（動的）で爆発《ばくはつ》するような生命力を含《ふく》んだ宗教であるということです。

民族の歴史を息吹《いぶ》き返《かえ》す神の力

このことは、ただ一個の人間のことだけにとどまりません。民族の歴史においても、滅《ほろ》びたような状況《じょうきょう》から神様は生命《いのち》を息吹き返させたまいます。

今の日本のように、経済的《けいざいてき》には進歩したように思われる段階《だんかい》においても、恐《おそ》ろしいことが私たちの周囲を取《と》り巻《ま》いている。私たちは、危《あぶ》ない文明の中に生きております。今は先進国づらをしておりますけれども、日本のように資源《しげん》のない国は、やがて後進国になるのが目に見えるようです。平和に真帆片帆《まほかたほ》を揚《あ》げて船が行《ゆ》き交《か》っていた美しい瀬戸内《せとうち》の海も、公害で汚染《おせん》されて魚も食べられなくなるでしょう。

今の日本は、日本の歴史でいちばん国が乱《みだ》れていた、戦国時代にも似たありさまです。NHKは『国盗《くにと》り物語』のような、下剋上《げこくじょう》をして国を泥棒《どろぼう》する話を平気で放映《ほうえい》する。皆《みな》がそれを観《み》て、何とも思わないような時世。こんな時代は嫌《いや》で嫌でたまりません。

しかしやがて、また神の生命《いのち》が息吹《いぶ》き返《かえ》してくれれば、日本人にも、もっと良い時代が来るのではないか。そう私は信じる。否《いな》、信じなければ生きられません。

聖書の民《たみ》イスラエルの歴史を見ると、彼らは何度も国を滅《ほろ》ぼされました。アッシリア、バビロニア、シリア、ローマなどの国々に、次から次へとひどい目に遭《あ》わされる。しかし、神様が生きておられ、神に連なっている少数の民がいる限り、民族は必ずまた息吹き返してきます。それがイスラエルの歴史です。

このように聖書の宗教は、仏教や支那《シナ》の老荘《ろうそう》思想などのようにスタティック(静的)で、歴史や時間と切《き》り離《はな》されたものではないんです。時間の続く限り、歴史の続く限り、私たちの中にある神の生命は、消えたかに見えても、いつも息吹き返してくることを教えています。

ですから私は、この幕屋《まくや》の人々の数がたくさんになれ、とは思いません。しかし、本当の生命《いのち》をもって次の時代に伝えてゆく者たちであってほしい、と願います。

世を十字架《じゅうじか》する覚悟《かくご》

私たちは、この世という環境《かんきょう》の中で生きています。この世は、どんなに素晴《すば》らしく見えても、やがては滅《ほろ》びるしかない世界です。だからといって、この世を離《はな》れて生きるわけにはゆきません。それについて使徒パウロは、

「わたしたちの内の古き人はキリストと共に十字架につけられた」(ロマ書六章六節)と言い、また「十字架につけられて、この世はわたしに対して死に、わたしもこの世に対して死んでしまったのである」(ガラテヤ書六章一四節)と言っています。

十字架につけられて、古い自分も、この世も、滅ぶべきものはどんどん滅んでゆくがよい、というんです。そうでなければ、滅ぶべきこの世にあって、本当の信仰の生き方ができないからです。

イエス・キリストは、この世に対して本当の宗教を説いたばかりに、十字架《じゅうじか》にかからねばなりませんでした。私たちも、世を十字架する覚悟《かくご》をしなければ、いつまでも死が支配するこの世から生命《いのち》の世界に入ることはできません。

しかし逆に、このような滅《ほろ》びる世の中を見、また乏《とぼ》しい自分という人間の存在《そんざい》を見て、「神様、たまりません。変えてください！」と降参《こうさん》した者を、神は受け入れてくださる。

ここでいう十字架とは、そのような意味です。

私たちの国籍《こくせき》は天にある

それでパウロは、ピリピ書で次のように言いました、

「キリストとその復活の力とを知り、その苦難《くなん》にあずかって、その死のさまとひとしくなり、なんとかして死人のうちからの復活に達したいのである」（三章一〇、一一節）と。

さらに続けて、

「わたしがそう言うのは、キリストの十字架に敵対して歩いている者が多いからである。わたしは、彼らのことをしばしばあなたがたに話したが、今また涙《なみだ》を流して語る。彼らの

最後は滅《ほろ》びである。彼らの神はその腹《はら》、彼らの栄光はその恥《はじ》、彼らの思いは地上のことである」(三章一八、一九節)と言っています。キリストは十字架《じゅうじか》にかかってでも永遠の生命を与《あた》えようとされるが、それを受けずに歩いているのが、「キリストの十字架に敵対して」ということの意味です。

ここでパウロが言っていることは、すべての考え方や判断が、この世の人とは全く逆です。すなわち、人はこの世で少し名誉《めいよ》を得ると、「ああ出世した、栄誉を受けた」などと言うが、それは恥を名誉と思っているようなことだ。この世がくれる名誉や富なんかが何になるか。クリスチャンといいながら、この世の栄誉を追い求めてキリストを十字架にかけっぱなしにし、生命《いのち》の世界に入ってこようとはしない人々に対抗《たいこう》して、パウロはこういうことを言っているんです。

ですから、本当のクリスチャンがいるならば、この世の人にはバカと見えます。愚《おろ》かと見える。世の人は、すべて地上本位に判断するからです。パウロはさらに、

「しかし、わたしたちの国籍《こくせき》は天にある。そこから、救い主、主イエス・キリストのこられるのを、わたしたちは待ち望んでいる。彼は、万物《ばんぶつ》をご自身に従《したが》わせうる力の働きによ

って、わたしたちの卑《いや》しいからだを、ご自身の栄光のからだと同じかたちに変えて下さるであろう」(ピリピ書三章二〇、二一節)と言っています。

これが信仰の奥義《おくぎ》であり、私たちの目標でなければなりません。

歴史の濁流《だくりゅう》に抗《こう》して生きる

パウロは、死ぬべきもの、朽《く》ちるべきものは朽ちさせてしまったらいいじゃないか、われわれはキリストに似る者でありたい、と言います。

しかし、そのことをほんとうに信じる人は、クリスチャンでも少ないものです。

この卑しい体が、キリストの姿《すがた》のように変わるなんてことがあるだろうか、と思う。それは、キリストが多くの弟子《でし》たちに与《あた》えたもうたところの、聖霊の力を知らないからです。聖霊の驚《おどろ》くべき大いなる力は人を変えしめる、ということを知らないから信じないんです。だから、こういう聖句が魂に訴《うった》えてこない。

キリストは現在も生きて、ご自分を犠牲《ぎせい》にしても愛する者たちに力を与え、完成へ完成へと導こうとされている。しかし、多くの人はこの世に天国を、国籍《こくせき》をもとうとしますから、どうしても信仰が徹底《てってい》しません。逆に、この世では自分は絶望だ、と貧しく弱い自分を思い知った者は、この世などはもう十字架《じゅうじか》にかけてしまったがいい、と思う。そのような人は、ほんとうに生命《いのち》の入《い》れ替《か》えが速いです。

「神様、もし与《あた》えてくださる生命があるならば、与えられたいです!」と言って、ただキリストを受け入れさえすれば、永遠の生命に入ることができる。蘇《よみがえ》ることができるんです。「死んだ人たちが、神の子の声を聞く時が来る。今すでにきている。そして聞く人は生きる」(五章二五節)とは、こういうことです。

キリストに宿った生命を、聖書に登場する多くの人たちに流れていたあの神の生命を、もう一度回復するならば、私たちもダイナミックな生き方ができる。もう、ジーッと静かになんかしておられない。この歴史の濁流《だくりゅう》に抗《こう》してでも生きよう!という抵抗力《ていこうりょく》が湧《わ》いてまいります。だから私たちは、このキリストの信仰を、苦しんでいる人たちに伝えずにはおられないんです。

人は言います、「まあ宗教なんかは弱者のものだよ。おれたちには必要ないよ」と。そんな傲慢《ごうまん》なことを言う者が、私の友人にもたくさんおります。だが、大きいことを言っていても、いよいよ人生の終わりを目の前にしたら、たまらないような状況《じょうきょう》になる。死が彼らを呑《の》み込《こ》もうとする時に、実に哀《あわ》れです。

「さばき」とは

「そして子は人の子であるから、子にさばきを行う権威《けんい》をお与《あた》えになった。このことを驚《おどろ》くには及《およ》ばない（驚くな）。墓の中にいる者たちがみな神の子の声を聞き、善《ぜん》をおこなった人々は、生命を受けるためによみがえり、悪をおこなった人々は、さばきを受けるためによみがえって、それぞれ出てくる時が来るであろう」。

（五章二七〜二九節）

聖書は、私たち人間の存在《そんざい》は肉体が死んだら終わりだ、とは考えておりません。魂はいつまでも生きつづけるものである、という。しかしながらイエス・キリストは、ただ生きつづけるのではなく、「永遠の生命に復活する魂があり、裁《さば》きのために復活する魂がある」とここで言われる。ここに宗教上の重大な問題があります。

「さばきを行う」とありますが、この「κρισις《クリシス》　さばき」というギリシア語は、「裁判《さいばん》」と思われやすいですが、本来は「分けること、判定すること」という意味です。ゴチャゴチャになっているものを、ハッキリ分けて判定するということです。そこから「裁判」という意味にもなるのですが、ここでは、裁判と取ってしまうと、あまり良くないですね。

何が本当であり、何が間違《まちが》いであるか、人間には正邪善悪《せいじゃぜんあく》というものがハッキリしない。そして、それぞれ考え方があります。それに対して、神は誰《だれ》をも裁《さば》かれないけれども、善悪が分けられる。それはキリストが標準である、ということをここで言っておられるんです。キリストを受け入れない者は、いくら自己免許《じこめんきょ》で「おれは良い人間だ」と思っていても、永遠の生命、次の世界にまで通じる生命を得ることはない、ということです。

何が善か、悪か

「善をおこなった人々は、生命を受けるためによみがえり、悪をおこなった人々は、さばきを受けるためによみがえって、それぞれ出てくる時が来るであろう」（五章二九節）という箇所《かしょ》のギリシア語原文を直訳《ちょくやく》すると、「善を行なった人々は、生命の蘇《よみがえ》りの中へ、悪を行なった人々は、裁《さば》きの蘇《よみがえ》りの中へ出てくるべき時が来ている」となります。「善《ぜん》を行なった人々、悪を行なった人々」とありますが、ここでいうのはこの世の善悪ではありません。神様の目から見て何が善であるかというと、神の声を聴《き》くことです。逆に、神の声に背《そむ》くことが悪です。この世の声、世論《せろん》に聞く者は悪なんです。これは旧約聖書以来の根本的な思想です。

キリストを受け入れる者は、結果的に神の声を聴く者となり、キリストを受け入れない者は悪《あ》しき者とされる。それで、キリストの声、神の声を聴きさえすれば生命《いのち》がほんとうにみずみずしく満ちてきます。キリストを受け入れない人々は、何度生まれ変わっても、滅《ほろ》びる世にとどまっているしかない人々です。何度叱《しか》られたって、わからない。もし、そのような頑固《がんこ》な魂の人がいたら、ほんとうに自分を反省しなければ駄目《だめ》です。

どうしたら永遠の生命にバプテスマされるか、という質問を発する人があるならば、その人はキリストに、神の御声《みこえ》に聴こうとしているかどうか。神の御声には背きながら、生命だけを得ようと思っているのではないか。それでは裁きの中に蘇る以外にない、ということです。

獄《ごく》中《ちゅう》の恵《めぐ》み

私は品川の鈴ヶ森《すずがもり》の近くを通ると、あることを思い出します。

それは、大正年間の死刑囚《しけいしゅう》・石井藤吉《とうきち》*の告白です。石井藤吉は、何度も凶悪《きょうあく》な犯罪を働くような男でしたが、「鈴ヶ森のお春殺し」という事件で他の人に嫌疑《けんぎ》がかけられた時に、自分が真犯人だと名乗り出た人です。

彼は死刑囚として監獄《かんごく》にいる間、宣教師《せんきょうし》のキャロライン・マクドナルド女史*らに導かれて信仰をもつようになりました。彼は、女史から差し入れられた聖書を、することもなく読んでいた時に、キリストが己《おのれ》を十字架《じゅうじか》につける者たちのために、「父よ、彼らをおゆるしください。彼らは何をしているのか、わからずにいるのです」(ルカ伝二三章三四節)と言われた言葉に衝撃《しょうげき》を受けました。誰《だれ》でも自分を殺す者を恨《うら》むのが当たり前なのに、それを執《と》り成《な》しておられる愛を知った時、石井藤吉は泣けて泣けてならず、「神様の心を知らなかった」と言って罪を悔《く》い、回心しました。

またある日、運動のために鎖《くさり》をつけられて彼が独房《どくぼう》から外に出された時、監獄の運動場に植えられた菊《きく》の花を見た。菊は美しい花ですが、冬になるとみんな枯《か》れて、外側だけを見ると死んだかのように思える。しかし春が巡《めぐ》ってくれば、死んだような中からまた芽を出して、再び咲《さ》きはじめる。

それを見た時に石井藤吉は思いました、「草花でさえも神様の恵《めぐ》みによって滅《ほろ》びるということがないならば、まして人間の魂は神様の御心《みこころ》に従《したが》えば不滅《ふめつ》のものとなる」と。こうして彼は永遠の生命を信ずるようになった。

また、「私は、外の世界では欲望《よくぼう》の赴《おもむ》くままに犯罪を重ねてきた。でも今は、監獄《かんごく》にあっても、外の世界では感じたことのなかった大きな自由と喜びを感じるようになった。死も恐《おそ》ろしくないほどの大きな喜びがある。それは、私にはキリストがあるからだ」ということを言っている。こうして石井藤吉は、獄中で神の声を聴《き》くようになり、獄屋の中にいることがありがたくてならないと思う人となりました。いよいよ刑《けい》を執行《しっこう》される時には、

名は汚《けが》し此《こ》の身は獄にはてるとも心は清め今日は都へ

と詠《よ》んで、周囲が驚《おどろ》くほどの平安と喜びに満たされて死んでゆきました。

この石井藤吉の懺悔録《ざんげろく》(英訳《えいやく》)を読んで共鳴し、これが本当の福音《ふくいん》だ、と本の欄外《らんがい》にたくさんの書き込《かこ》みをしながら何度も読んだのが、インドの聖者スンダル・シング*でした。どうでしょうか。何度も何度も罪を犯《おか》して裁《さば》かれ、監獄《かんごく》にでも入るような人間はいちばん神の国から遠い、と考えやすいものです。しかしながら、キリストの裁きはまた別でして、キリストの御声《みこえ》を聴《き》きさえすれば、また聴いたことを行じようとする心さえあれば、その人に永遠の生命がいっぱいに溢《あふ》れ出《だ》してくるんです。これは、キリストの弟子《でし》ペテロたちが経験したものでした。

復活のキリストと共に生きる

人の目には極悪人《ごくあくにん》と思われている石井藤吉のような者が、聖書を読む人となって感動して生きている。それは、墓の中に住むような者が神の声を聴いて、永遠の生命に生き返るようなことです。それに対して、この世で自由にいろいろな本を読めるのに、そういう人たちは一人も救われずにいるとは、これどういうことでしょう。自分に絶望する者こそ、かえって早く天の生命に蘇《よみがえ》ることができるということです。

そのことを思いますと、この「復活」ということは身体《からだ》の復活だけではない、と思う。身体の復活もありがたいことだけれども、人間ですから身体がいつまでも永遠に生きるわけではありません。死んだラザロは四日目に蘇《よみがえ》りましたが、また死にました。しかし、キリストの復活の信仰とは、永遠に死なないキリストが今も生きて私たちと共に歩こうとしておられる、その体験であります。

私たちは、復活の奇《き》跡《せき》を信じるのではありません。今も生きて永遠にありつづけようとするキリストは、生命《いのち》の泉《いずみ》をもつお方であり、「わたしを受け入れる者には、必ずこの生命が潤《うるお》ってくる」と言われる。ここに、神の生命への蘇りということがあるんです。

どうぞ私たちは、このような不思議な生命に生き返らされとうございます。何度裁《さば》かれてもわからないようなこの世の中にあっても、生命に蘇る道をキリストを通して知らされ、それを少しずつ体験できることが感謝でなりません。

（一九七三年四月二十二日）

＊永遠の生命…ギリシア語の「ζωη《ゾーエー》（生命）」は、霊的な神の生命のことで、人間の肉体的な命

(ψυχη《プシュケー》)ではない(『ヨハネ伝講話』第一巻・補講《ほこう》Iを参照)。

＊ペンテコステ…ギリシア語で「第五十(日)」の意。五旬節《ごじゅんせつ》。イエス・キリストが十字架《じゅうじか》にかかられた直後の過越《すぎこし》の祭りから五十日目、弟子《でし》たち百二十名がエルサレムで集《つど》っていると、火のように嵐《あらし》のように聖霊が降臨《こうりん》した。そこからキリストの福音は全世界に広がっていった。

＊フレデリック・ゴーデー…一八一二～一九〇〇年。スイスのプロテスタント神学者。新約釈《しゃく》義《ぎ》学《がく》教授。

＊石井藤吉…一八七一～一九一八年。彼が自ら書き残した懺悔録《ざんげろく》は、『聖徒となれる悪徒』と題して出版された(英語版は『A Gentleman in Prison《ア ジェントルマン イン プリズン》』)。

＊キャロライン・マクドナルド…一八七四～一九三一年。カナダ人宣教師《せんきょうし》。一九〇四年(明治三十七年)に来日。受刑者《じゅけいしゃ》の救済《きゅうさい》など社会事業に尽力《じんりょく》する。

＊スンダル・シング…一八八九～一九二九(?)年。インドのパンジャブ地方に生まれる。十五歳《さい》の時に生けるキリストに出会い、托鉢行者《たくはつぎょうじゃ》(サドゥ)となる。チベット伝道に赴《おもむ》き消息不明になる。その直前に読んでいたのが石井藤吉の懺悔録であった。

〔第二二講　聖句　ヨハネ伝五章三〇節〕

30「わたしは、自分からは何事もすることができない。ただ聞くままにさばくのである。そして、わたしのこのさばきは正しい。それは、わたし自身の考えでするのではなく、わたしをつかわされたかたの、み旨《むね》を求めているからである」。

第二二講

人と共に悩《なや》みたもう神

ヨハネ伝五章三〇節

五章の初めに、三十八年間足腰《あしこし》の立たなかった男の話が書かれております。

この男に対して、イエス・キリストが「起きよ！　あなたの床《とこ》を取り上げよ！　そして歩け！」(五章八節　直訳《ちょくやく》)と言われたら、すぐに癒《い》やされて歩きだしました。しかし、ユダヤの宗教家や宗教に熱心なパリサイ派《は》*の人々は、安息日に癒やしの業《わざ》をしたということでイエスに反感をもちました。安息日には働いてはならないというのが、ユダヤの律法《りっぽう》だったからです。

それに対してキリストは、「自分は何もしていない」とかさねがさね言っておられます。病人に按手《あんしゅ》したり、膏薬《こうやく》を貼《は》って治療《ちりょう》したりしたのならば、それは安息日を破ったことになるかもしれない。しかし、キリストは言葉を発しただけでした。

「わたしは、自分からは何事もすることができない（する力がない）。ただ聞くままにさばくのである。そして、わたしのこのさばきは正しい。それは、わたし自身の考え（願い、意思）でするのではなく（探《さが》し求《もと》めず）、わたしをつかわされたかたの、み旨《むね》（願い、意思）を求めているからである」。（五章三〇節）

ここでキリストは、「自分からは何一つできない。ただ神に聴《き》くだけだ」と言われます。しかしながら長い年月、足腰《あしこし》が立たずに苦しみ、救いを求めている人を見ると、キリストはその苦しみを分かち合いたかった。背負《せお》いたかった。その苦しみの中に、ご自分も共におりたいと思われたのでしょう。また、それが父なる神の願い、御旨《みむね》であることを悟《さと》られた。それで、ひと言葉をもって癒《い》やしたもうたのでした。

ここに、宗教の問題とするところがあります。

宗教は、人生の苦しみをどう解決するかを一つの大きな課題としています。宗教によっては、この世に生きる苦しみ、矛盾《むじゅん》に対して、考えたってしかたがないからと、あきらめ、悟《さと》るべきことを説きます。
しかし、キリストの宗教はそうではありません。イエス・キリストは、人々の苦しみを共に負おうとしておられる。それは、十字架《じゅうじか》の死にいちばんよく表されています。

主の僕《しもべ》の姿《すがた》

旧約聖書のイザヤ書を読みますと、主なる神の僕が苦しめられ、しえたげられたことが書かれています。

まことに彼はわれわれの病を負い、
われわれの悲しみをになった。
しかるに、われわれは思った、
彼は打たれ、神にたたかれ、苦しめられたのだと。
しかし彼はわれわれのとがのために傷《きず》つけられ、

われわれの不義のために砕《くだ》かれたのだ。
彼はみずから懲《こ》らしめをうけて、
われわれに平安を与《あた》え、
その打たれた傷《きず》によって、
われわれはいやされたのだ。
（五三章四、五節）

主の僕《しもべ》は、罪がないにもかかわらず、小羊のように黙《だま》って屠《ほふ》り場《ば》に引かれてゆき、命を絶たれた。彼が人々の病や悲しみ、罪や咎《とが》を負って苦しみ悩《なや》んだことは誰《だれ》も知らなかったが、その流した血は、流した涙《なみだ》は、やがて多くの人の贖《あがな》いとなる。これは、主の僕の姿《すがた》、イエス・キリストのお姿です。

尊《とうと》い人が血を流し、命を捧《ささ》げるときに、ただでは終わらない。その血と涙が贖《あがな》い代《しろ》となって、その結果、救われる人たちがある――こういう考え方は、今の時代の人たちには訴《うった》えないかもしれません。しかし古代のアジアでは、イスラエルでも日本でも、中国その他でも、同じような思想をもっておりました。

生けるものの命は血にある、といいます（レビ記一七章）。すなわち、キリストが屠《ほふ》られし小羊として十字架上《じゅうじか》に血を流されるということは、血が流されることによって生命《いのち》が流されるということです。その流された血は、新しい生命として私たちに提供《ていきょう》されるという意味です。しかも、尊《とうと》い善《よ》き人たちの命が注がれなければ、この腐《くさ》った社会はとても救いようがない。せっぱ詰《つ》まった社会になってくると、そういう思想が起きてきます。私は、そろそろ日本にも、そういう思想が起きてもいいのではないかと思います。

十字架に表された神の心

イエス・キリストは、十字架上に殺されました。人類始まって以来、あんなに聖なるお方というものは他《ほか》にありません。私は福音書《ふくいんしょ》を読めば読むほど、偉大《いだい》だったなあ、尊かったなあと思うばかりです。

しかし、そのようなキリストが、何も悪いことをしたわけではなく、本当の宗教を伝えるために尽《つ》くしに尽くされたのに、十字架で処刑《しょけい》された。こういう矛盾《むじゅん》だけを見ますと、もうおしまいだと人は思うでしょう。弟子《でし》たちも皆《みな》、散り散りに逃《に》げてしまいました。

そう思うと、十字架《じゅうじか》にかかったことは敗北のように見えるかもしれません。けれども、イエス・キリストにおいては勝利でありました。

十字架を前にしたキリストは、

「あなたがたは、この世では患難《なやみ》がある。しかし、勇気を出しなさい。わたしはすでに世に勝っている」(ヨハネ伝一六章三三節)と言われて、勝利の自覚があられました。

このキリストのご生涯《しょうがい》、人々の贖《あがな》いのために十字架を負われたご生涯を見ると、神の御心《みこころ》がわかりますね。神は、愛する独り子を遣《つか》わしてでも、この世の中に、この歴史の現実の中に入《はい》り込《こ》んできて、共に悩《なや》みたもう、苦しみたもう、という御心がわかる。こういう思想の上に立つのが聖書です。

人生には、深い苦しみがある。

それが善《よ》い人にも、義《ただ》しい人にも臨《のぞ》むという問題に対して、神も共に苦しみたもうという。ここに、「自分は解脱《げだつ》して、悟《さと》りを得た」という境地に入ることを目指すような宗教との違《ちが》いがあります。

キリストは、今も十字架上に血を流しつつ、救いを求めている者たちと共に悩みながら、手を差《さ》し伸《の》べて「生命《いのち》を受けよ、この血を受けよ」と叫《さけ》びたもう。この御血《おんち》を、生命を受けると、どんなに苦しい状況《じょうきょう》にある人間も、一瞬《いっしゅん》にして変われるんです。

神は傍観者《ぼうかんしゃ》ではない

五章三〇節に、「(わたしは)ただ聞くままにさばくのである。そして、わたしのこのさばきは正しい。それは、わたし自身の考えでするのではなく、わたしをつかわされたかたの、み旨《むね》を求めているからである」とあります。

ここで、「わたしのこのさばきは正しい」とありますが、「κρισις《クリシス》 さばき」というギリシア語は、「価値《かち》を判断すること」という意味です。キリストが価値評価をされて救われる人を選び出されるとき、人間の目には捨《す》てられ顧《かえり》みられぬような者に手を伸ばして、神の力を証《あか》しされるというんです。

人々は、三十八年間も足腰《あしこし》が立たず、捨てられて顧みられぬような者を、呪《のろ》わしい存在《そんざい》のように思うかもしれない。けれども、キリストの御目《おんめ》にはそうではありませんでした。

それは、キリストはご自分を世に遣《つか》わされた神様の御心《みこころ》を、いつも求めておられたからでした。

神様は、私たちの苦しい問題に対して、決して傍観者《ぼうかんしゃ》ではない。身を張ってでも、命を捨《す》ててでも、信ずる者には近寄り、頼《たよ》り来《く》る者には手を伸《の》ばしておいでになる。否《いな》、自ら傷《きず》ついてでも背負《せお》おうとしておられる神様です。

その神様の御心《みこころ》について、イザヤ書には次のような言葉があります。

彼らが悩《なや》み苦しむときはいつでも、
主も悩み苦しまれた。
主は御前に仕える御使いを遣《つか》わして彼らを救い、
主はその愛と憐《あわ》れみとによって彼らを贖《あがな》い、
世のすべての日々にわたって彼らを負い、
彼らを引き上げてくださった。（六三章九節）

ここに、私のような者が救われる理由がある、とつくづく思います。

（一九七三年四月十五日　①）

＊パリサイ派《は》…イエス・キリストの時代に勢力があったユダヤ教の一派。律法《りっぽう》の遵守《じゅんしゅ》と、その厳格《げんかく》な実践《じっせん》を強調。福音書では、イエスからその形式主義と偽善的傾向《ぎぜんてきけいこう》が批判《ひはん》されている。

〔第二三講　聖句　ヨハネ伝五章三一～三七節〕

31「もし、わたしが自分自身についてあかしをするならば、わたしのあかしはほ
んとうではない。32わたしについてあかしをするかたはほかにあり、そして、その
人がするあかしがほんとうであることを、わたしは知っている。
33あなたがたはヨハネのもとへ人をつかわしたが、そのとき彼は真理についてあ
かしをした。34わたしは人からあかしを受けないが、このことを言うのは、あなた
がたが救われるためである。35ヨハネは燃えて輝《かがや》くあかりであった。あなたがたは、
しばらくの間その光を喜び楽しもうとした。
36しかし、わたしには、ヨハネのあかしよりも、もっと力あるあかしがある。父
がわたしに成就《じょうじゅ》させようとしてお与《あた》えになったわざ、すなわち、今わたしがして
いるこのわざが、父のわたしをつかわされたことをあかししている。37また、わた
しをつかわされた父も、ご自分でわたしについてあかしをされた。あなたがたは、
まだそのみ声を聞いたこともなく、そのみ姿《すがた》を見たこともない」。

第二三講

万法《ばんぽう》に証《あか》しされる者

ヨハネ伝五章三一～三七節

宗教の大きな課題の一つは、人生の苦難《くなん》をどのように解決するかということです。それについて前講では、人と共に悩《なや》み苦しみたもう神様の愛について学びました。ここでさらに、聖書は苦難の意味についてどのように考えているかを学びたいと思います。

最悪から最善《さいぜん》が

ヨハネ伝九章を開いてみると、イエス・キリストが生まれながらの盲人《もうじん》を見られた時に、「この人が生れつき盲人なのは、だれが罪を犯《おか》したためですか。本人ですか、それともその両親ですか」（九章二節）と弟子《でし》たちが尋《たず》ねた、とあります。

それに対するキリストのお答えは、

「本人が罪を犯《おか》したのでもなく、また、その両親が犯したのでもない。ただ神のみわざが、彼の上に現れるためである」(九章三節)というものでした。

生まれつきの盲人《もうじん》などを見ると、当時の人々は「あの人は神の罰《ばつ》を受けたんだ」と考えました。今でも、誰《だれ》かに不幸があると、「あの人は不信仰だから罰《ばち》が当たったんだ」などと考えやすいです。

それに対してキリストは、「神の御業《みわざ》が、栄光が現れるためである」と言われる。不遇《ふぐう》な逆境から、神の栄光が現れるのだ、と。なかなかそこまで私たちの信仰は及《およ》びません。

しかし、キリストが言われるように、最悪の状況《じょうきょう》の中から最善《さいぜん》が光りはじめることがあります。これは宗教経験として、ほんとうにあるんです。最悪の状況だけを見つめている人にはわからない。だが、「この大変な状況を、どう神様は変えたもうだろうか」と思って、神を見上げている者には違《ちが》った反応というか、信仰が反応してくる。その時に、不思議な神の御業が現れる。だからキリストは、前講で学びましたように、

「わたしのさばきは正しい。わたしは、ただ父なる神様を見上げ、父なる神の御心だけを

求めているから、この世の常識や考え方、倫理《りんり》道徳と違《ちが》うのだ」と言われるわけです。

イエス・キリストは、「天の父は、悪い人にも善《よ》い人にも太陽を昇《のぼ》らせ、義《ただ》しい者にも不義な者にも一視《いっし》同仁《どうじん》に雨を降《ふ》らせたもう神様である」という考えをもっておられました。

人間はよく考えるんですね、「自分は悪いことをしたから、こんな報《むく》いを受けたのだ。それで神様、今後こんなことはしませんから、どうぞこらえてください」と。しかし、貸《たい》借《しゃく》対照表のように禍福《かふく》が現れると思うのは間違いなのであって、キリストにはそんなお考えはありません。人生の苦しみや暗闇《くらやみ》は、正しい人や良い人にも臨《のぞ》んでくる。それに対して、私たちはどのように生きるか、ということです。

自己《じこ》変化によって環境《かんきょう》に勝つ

だいぶ前のことになりますが、山口県の仙崎《せんざき》という漁港に行きました時に、次のような短歌を記した短冊《たんざく》を見たことがあります。

海底《うなぞこ》に眼《め》のなき魚《うお》の棲《す》むといふ眼のなき魚の恋《こい》しかりけり　（若山《わかやま》牧水）

私は、この歌に心を打たれました。何だか自分のことのようでした。深い海の底では日の光が射《さ》し込《こ》んでこないので、真《ま》っ暗闇《くらやみ》です。それで、深海に棲《す》む魚はほとんど視力《しりょく》が退化してしまって、眼《め》があっても見えなくなっています。この魚とは、ほかならぬ人間の譬《たと》えでありまして、まことに人類は霊的な光が薄《うす》い、物質界という深海に棲息《せいそく》している魚にも似ています。

無明の闇の中で、人は生きる不安にかられ、悩《なや》みます。どうにかして、破りがたい次元の壁《かべ》を突《つ》き破《やぶ》ろうとしてもがきます。この暗闇を突破《とっぱ》できるか、どうか。これを問うところに、宗教の問題もあります。突破した者は進化の勇者です。人生の勝利者です。

光の射さない深海にあっても、チョウチンアンコウのような魚は、暗い環境《かんきょう》に苦しんだあげく、変異《へんい》して、頭の先から光を出すようになり、深海を泳いでいます。その光で、たちまち眼のない魚たちは発見され、餌食《えじき》になってしまう。同じ海底にありながら、眼のない魚となるか、光を発する魚となるか。

チョウチンアンコウ

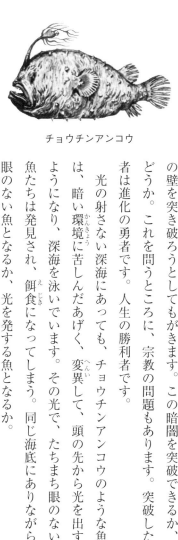

困難《こんなん》な状況《じょうきょう》に変わりはありませんが、自分が変わって環境《かんきょう》を突破《とっぱ》して進化し、自己《じこ》変化によって環境に打ち勝てるんです。自分が変わらなければ、運命も変わりません。

魚類でさえも、自分を変えて暗闇《くらやみ》の中で生《い》き抜《ぬ》いているのならば、私たちは万物《ばんぶつ》の霊長として、彼らの知恵《ちえ》に負けてよいでしょうか。東京のような物質に閉《と》ざされた恐《おそ》ろしい闇の中で生きておる私たちは、ここでひと工夫《くふう》がいります。眼《め》のない魚たちの棲《す》む中で、「神様！　私に生命の光を与《あた》えてください！」と叫《さけ》びを上げる必要があります。そうすると、毎日の生活が変わってきます。物事の判断が変わってきます。

苦難の歴史から生まれた聖書

聖書の宗教は、ユダヤ民族が長い間苦しみ、悩《なや》み、迫害《はくがい》されて、その血なまぐさい呻《うめ》きの中から生まれたものです。何度も国を滅《ほろ》ぼされるような、悲惨《ひさん》な民族の運命を背景《はいけい》として聖書は書かれております。

多くの苦難にさらされて信仰が薄《うす》らいできますと、「このように民《たみ》が苦しんでいるのに、信仰したって何になるか。神様はちっとも私たちを祝福しないじゃないか」と言って反宗教的な考えになったり、この世にしがみついたりする人たちも出てきます。しかし、いつでも神様は、「なぜ信じないのか」と言って、神に信ずることを促《うなが》されます。

現代でも、お互《たが》いの人生において苦しい経験が重なりますと、「どうしてこんなに困《こま》った問題が、次々と自分を悩《なや》ますのだろうか」、「どれだけ働いても貧乏《びんぼう》が続く。何のためにこの世に生まれてきたのだろうか」などといって、信仰がグラついてくることがあります。あるいは、「立派《りっぱ》にやろうとするが、仕事が次々と失敗する。善人《ぜんにん》が悪い状況《じょうきょう》に落《お》ち込《こ》むのはどうしてだろうか」などと思ったりする。

聖書の神観は、全地をしろしめす神は唯一《ゆいいつ》であり、善なる神であるということです。ところが、その善なる神様がおられるのに、善《よ》い人でも苦難に遭《あ》うという現実がある。

旧約聖書のヨブ記を読むと、神に愛された義人ヨブは、サタンからさんざんな試みに遭わされたことが書かれています。ヨブは家を失い、子供《こども》は死に、自身はらい病にかかって苦しみました。彼の妻は見かねて、「あなたはなおも堅《かた》く保って、自分を全うするのですか。神をのろって死になさい」（ヨブ

記二章九節)と言いました。するとヨブは、

「われわれは神から幸いをうけるのだから、災《わざわ》いをも、うけるべきではないか」(ヨブ記二章一〇節)と答えて、神に背《そむ》きませんでした。

ヨブは信仰を捨《す》てませんでしたが、義《ただ》しい人に災いが臨《のぞ》むというのは、大きな問題です。御利益《ごりやく》宗教のように、信仰していれば幸いがあるというのならば結構な話であって、大勢の人が集まってくるでしょう。しかし、災いの日にも神を信ずるということは非常に困難《こんなん》です。信仰が試みられますと、私たちは悶《もだ》える。そして、神もないかのような焦《あせ》りが起きやすくあります。

どうして、この人生には苦しい出来事がいろいろあるのか?

聖書における一つの考えは、試みの炉《ろ》で錬《ね》られて白銀《しろがね》となるためであるということです。金属が溶鉱炉《ようこうろ》に入れられて雑物が取《と》り除《のぞ》かれるように、熱い試みを経て人は白銀のような尊《とうと》い魂になる、と書かれています(イザヤ書四八章一〇節)。

このことは他人《ひと》ごとではありません。私自身も、

「神様、もう人生残る時間は多くはありませんが、どうか、いろいろな人生の苦しみ、悩《なや》

みを通して、私の魂を白銀《しろがね》のごとくに錬《ね》り聖《きよ》めてください」と祈らずにはおられません。

私たち、幕屋《まくや》の少数の民《たみ》一人ひとりが、苦難《くなん》を通しても新しく天の使命を自覚するということは、神が求めたもうところではないかと思います。

天の使命を担《にな》うために

人生の苦しみに遭《あ》うときに、隠遁《いんとん》したい、逃《に》げ出《だ》したいと思って出家する道もあるでしょう。だが、そのようなときに、聖書は「わたしの子よ、主の訓練を軽《かろ》んじてはいけない」(ヘブル書一二章五節)と言っています。そのことは、ただ私たちの人格を錬成《れんせい》するために苦難の価値《かち》があるということではありません。これは、間違《まちが》わないでください。

支那《シナ》の孟子《*もうし》が次のようなことを言っております。

「天の将《まさ》に大任をこの人に降《くだ》さんとするや、必ず先《ま》ずその心志《しんし》を苦しめ、その筋骨《きんこつ》を労せしめ、その体膚《たいふ》を餓《う》えしめ、その身を空乏《くうぼう》にし、行ないにはその為《な》す所を払乱《ふつらん》す。心《しん》を動かし、性《せい》を忍《しの》び、その能《よ》くせざりし所を曾益《ぞうえき》する所以《ゆえん》なり」（孟子・告子篇《へん》下）

天がある人に大きな使命を降《くだ》そうとするときには、その前に、精神的にも肉体的にもいろいろ悩《なや》ましめて鍛錬《たんれん》し、今までできなかったことを克服《こくふく》させる。その鍛錬に合格した人間でないと天は用いない、ということです。

考えてみれば、人間も一個の動物です。動物は条件の悪い中で飼いますと、どうしても良い育ち方をしません。狭《せま》い檻《おり》の中に入れたら気が荒《あ》れてきます。人間も、あまり苦しいことが続きますと、意気消沈《しょうちん》して萎縮《いしゅく》した魂になるか、困難《こんなん》を避《さ》けようとして退きたくなってくる。退くくらいならいいが、すっかり堕落《だらく》してしまうこともあります。

しかし、人間は単なる動物ではありません。超《ちょう》動物です。人間には、精神があります。魂があります。この魂が自覚しはじめさえしたら、他の動物のように困難に対して弱ったり、逃《に》げたりしません。

キリストの精兵として生きる

戦争中、軍隊が行軍をいたします。任務は重く、目的地まで行かねばならない。しかも戦闘《せんとう》状態になりましたら、行軍どころではありません。危《あぶ》なくて、どこから弾丸《だんがん》が飛んでくるかわからない。しかし兵隊たちは、ほんとうに命をかけて行きます。危険極《きけんきわ》まりない所まで出かけてゆきます。ただの動物だったら、行きませんね。

私は軍隊を賛美するわけではないが、私のような若《わか》い男たちは一兵卒となって、道なき道を踏《ふ》み分《わ》けながら戦った。戦友たちは次々と倒《たお》れて死んでゆく。しかしそんな中にあっても、戦友同士、互《たが》いに助け合い慰《なぐさ》め合《あ》い、自分の少ない食糧《しょくりょう》も、残り少ない水筒《すいとう》の水も「末期《まつご》の水だ。さぞ喉《のど》が渇《かわ》くだろう」と言って、死にゆく者と分け合った。どうしてこういう崇高《すうこう》な精神が湧《わ》くのだろうか。それは、使命があったからです。

それで使徒パウロは、愛する弟子《でし》テモテに対して、「キリスト・イエスの良い兵卒として、わたしと苦しみを共にしてほしい」（テモテ後書二章三節）などと言っています。

私たちは、このように何か大きな使命というものを負わされるときには、単なる動物にはない精神力が込《こ》み上《あ》がってきます。そして、人と違《ちが》う歩き方をします。これを信仰というんです。今のキリスト教会のような信仰からは、このような精神は出てきませんね。自分の安楽、自分の恵《めぐ》みだけしか求めない信仰からは、このような迫力《はくりょく》に満ちた生き方というものは起きない。

人間は、天使のように羽衣《はごろも》をつけて天に昇《のぼ》るよりも、地球の引力、物質の引力に引きずられやすい。昇るのは難《むずか》しいが、堕落《だらく》するのは早いものです。しかし、大空を飛んで遠くまで私たちを運んでくれる旅客機はどうでしょう。旅客機は百数十トンもある重い物体です。重い物は地上に落ちるのが当たり前です。しかし、翼《よく》の角度を上向きにしてエンジンをかけると、高い空に向かって飛び立ってゆくことができます。

私たち人間は、地上的な考えに惑《まど》わされ、欲望《よくぼう》にかられるときに、魂はすっかり沈《しず》んでしまいます。だが、私たちの心に少しでも向上しようという意欲が湧《わ》き、心のエンジンに火が燃えはじめると、天に向かって昇ることができる。その火を、キリストの聖霊の火、ペンテコステの火というんです。

無我無心《むがむしん》の境地

「もし、わたしが自分自身についてあかしをするならば、わたしのあかしはほんとう(真《まこと》)ではない。わたしについてあかしをするかたはほかにあり、そして、その人がするあかしがほんとう(真)であることを、わたしは知っている。あなたがたはヨハネのもとへ人をつかわしたが、そのとき彼は真理についてあかしをした。（しかし）わたしは人からあかしを受けないが、このことを言うのは、あなたがたが救われるためである。……しかし、わたしには、ヨハネのあかしよりも、もっと力ある（大きな）あかしがある（もっている）。父がわたしに成就《じょうじゅ》させようとして（わたしが成《な》し遂《と》げるために）お与《あた》えになったわざ、すなわち、今わたしがしているこのわざが（わざそのものが）、父のわたしをつかわされたことをあかししている。また、わたしをつかわされた父も、ご自分でわたしについてあかしをされた。あなたがたは、まだそのみ声を聞いたこともなく、そのみ姿《すがた》を見たこともない」。

（五章三一～三七節）

「自分からは何もすることができない」と言われたキリストは、ここで「しかし、わたしをつかわされた神がわたしを証《あか》しされる」と言っておられる。宗教の極意《ごくい》はこれだと思います。

人間の問題は「自分、自分」と言って、我《が》を張っているから救われずに苦しむんです。

*道元禅師《ぜんじ》の『正法眼蔵《しょうぼうげんぞう》』という本の中に、私の好きな言葉があり、それを私は聖書の

扉《とびら》に書きつけております。

仏道をならうというは、自己《じこ》をならうなり。
自己をならうというは、自己を忘《わす》るるなり。
自己を忘るるというは、万法《ばんぼう》に証《しょう》せらるるなり。
万法に証せらるるというは、
自己の身心《しんじん》および他己《たこ》の身心をして脱落《だつらく》せしむるなり。

仏道を習うとは、いわば宗教を習うということです。それは、自己を習うことである。自己を習うということは、自己を忘れることである。そうして無我《むが》の境地に入った者は、万法(大宇宙《だいうちゅう》の真理)がその人を証《あか》ししてくれる。万法に証しせられる者は、自己の身心、他己の身心を脱落せしめるものだ、という。

人間が、すっかり身心を脱落する。そうしたら、もう何もできません。そういう境地になると万法が証ししてくれる。これは大きな真理ですね。偉大《いだい》な実在者に抱擁《ほうよう》されると、自分を忘れ、対立を忘れ、無我無心になるものです。

「わたしは人からの証《あか》しを受けない」とキリストが言われるわけは、ここで道元禅師《ぜんじ》が言っているように、ご自身が「自己《じこ》を忘《わす》れ、万法《ばんぽう》に証しせられる者」であるからです。それで、「たとえ偉大《いだい》な洗礼者《せんれいしゃ》ヨハネの証しであるとしても、人が自分について証しする必要はない。わたしのしている業《わざ》を見れば、神がわたしを証ししてくださることがわかる」と言われました。

神の証明に自分を委《ゆだ》ねる人間にならなければ、驚《おどろ》くべき宗教生活というものはできません。これは、第一級の伝道者たらんとする者の心得です。小さな人間である自分にとらわれている間は、大きなことは起きない。宇宙的《うちゅうてき》な法則が働いてこそ、大きな業が行なわれます。

葬《ほうむ》り去《さ》られた人生から生まれるもの

十七世紀のイギリスに、ミルトン*という偉大な詩人がおりました。ミルトンは、クロムウェルがイギリスで清教徒革命《かくめい》を起こした時に、秘書官《ひしょかん》として活躍《かつやく》しました。しかし人生半ばにして眼《め》が見えなくなってしまい、その時の嘆《なげ》きはひどいものでした。国家のために奉仕《ほうし》しようと思っているのに、眼《め》が見えなくなったら、葬《ほうむ》り去《さ》られた人間となる以外にない。それまでは宗教改革《かいかく》を論《ろん》じ、政治を論じ、優《すぐ》れた文筆をふるったミルトン。彼はほんとうに嘆《なげ》いて神に訴《うった》えましたが、その彼が得たところの結論は、「They《ゼイ》 also《オールソ》 serve《サーヴ》 who《フー》 only《オンリー》 stand《スタンド》 and《アンド》 wait《ウェイト》.(ただ立って待つだけの者もまた神に仕えているのである)」というものでした。

そして、何もできなくなったと思ったミルトンから生まれてきたのが、『失楽園』『復楽園』など世界的傑作《けっさく》といわれる叙事詩《じょじし》でした。彼が元気に活躍《かつやく》していた時に書いたものは、今はほとんど誰《だれ》からも顧《かえり》みられません。

しかし、視力《しりょく》を失ってから書かれたものは、三百年後の今も人々に愛読されています。しかも、つまらぬ人たちが読むのではありません、優れた人々が読んでいます。人間は、「十で神童、十五で才子、二十《はたち》過ぎればただの人」という言葉があります。しかし、ミルトンは晩年《ばんねん》において天才でありました。これは何でしょうか。

眼が見えなければ、ただ立って待つ以外にない。他の人が手を引いてくれなければ、歩くこともできないような苦しい目に遭《あ》った時に、もう自分の小さな判断で歩くのはやめよう、常識で生きるのはやめよう。神様！　ひと足、またひと足、私を導いてください。このように、神だけを見上げて生きる状況《じょうきょう》になりました時に、彼は本当の意味の詩人になりました。

不思議だとは思いませんか。人間は、何もできないようなときに、驚《おどろ》くべきことができるということです。これは宗教の知恵《ちえ》です。

人間の計らいをやめよ

こんな話をするのは、私自身を励《はげ》ましているんです（胸《むね》を叩《たた》きながら）。私は最近、体が思わしくなく、足を引きずり、疲労《ひろう》も回復しない。トボトボと人生が暮《く》れてゆくような気がする時もあります。

だが、何もできなくなったような人間を通して、神は働くということです！

神が働かれる！　人間の才覚や知恵、人間の計らいがありすぎると、神の計らいを邪魔《じゃま》してしまいます。これを罪といいます。

イエス・キリストは、「わたしは安息日に何もしなかったよ」と言われた。しかし、「立ちて歩め！」とのキリストのひと言に神の霊が働いて、たちまちに足腰《あしこし》立たぬ人を起こすことができた。私たちも、この信仰をもって生きようではありませんか。

この苦しい人生を、信仰の力で、神の力で生き抜《いぬ》こうではありませんか！

エホバは生く、我はその前に立つ。この自覚で生きてゆこうではありませんか！

その時に、神様が証《あか》ししてくださいます。

イエス・キリストは、いつも父なる神だけを見上げて「わたしは何をなすべきでしょうか」と言いつつ生きられた。その時に、神様はイエスに何でも教え、語りたもうた。

私も、「神様、教えてください！」と叫《さけ》ばずにはおられません。

キリストが始められた原始《げんし》福音《ふくいん》の運動です。これは人間のものではありませんから、「主よ、どうぞ教えてください」と祈ることです。とかく、人間が目立ちすぎます。そのときに、神様が見失われてしまいます。

どうか私たちは、死人をも生かすような、不思議な生命《いのち》に生き返りとうございます。

賛美歌を歌って祈ります。

聖痕《みきず》に　血汐《ちしお》したたりて
御胸《みむね》は血しぶき　流れぬ
あがないの　御生命《みいのち》を
受けなん　十字架《じゅうじか》　主の血汐
仰《あお》ぐ聖徒らに　注ぐも

（一九七三年四月十五日　②）

＊孟子…紀元前三七二～前二八九年。中国・戦国時代の思想家。孔子《こうし》の教えを継承発展《けいしょうはってん》させた。
＊道元…一二〇〇～一二五三年。鎌倉《かまくら》時代初期の禅僧《ぜんそう》。日本曹洞宗《そうとうしゅう》の開祖。一二四四年、越前《えちぜん》（福井県）に永平寺を開く。『正法眼蔵』はその主著《しゅちょ》。
＊ジョン・ミルトン…一六〇八～一六七四年。シェークスピアと共に、イギリスを代表する二大詩人の一人。

〔第二四講　聖句　ヨハネ伝五章三八～四二節〕

38「また、神がつかわされた者を信じないから、神の御言《みことば》はあなたがたのうちに
とどまっていない。39あなたがたは、聖書の中に永遠の命があると思って調べてい
るが、この聖書は、わたしについてあかしをするものである。40しかも、あなたが
たは、命を得るためにわたしのもとにこようともしない。41わたしは人からの誉《ほま》れ
を受けることはしない。42しかし、あなたがたのうちには神を愛する愛がないこと
を知っている」。

第二四講

人格的な神との出会い

ヨハネ伝五章三八～四二節

私たちが聖書を読みながら、特にヨハネ伝を読みながら学ばねばならぬことは、神は人格的な存在《そんざい》であるということです。人格的な存在でないと、私たちの悲しい苦しい涙《なみだ》を拭《ぬぐ》ってはくれません。単なる哲理《てつり》、原理は私たちを救わず、深いところから人間を温めてはくれません。

キリストの体温を感じる信仰

「また、神がつかわされた者を信じないから、神の御言《みことば》はあなたがたのうちにとどまっていない。あなたがたは、聖書の中に永遠の命があると思って調べているが、この聖書は、わたしについてあかしをするものである。しかも、あなたがたは、命を得るためにわたしのもとにこようともしない（来ることを欲《ほっ》しない）。わたしは人からの誉《ほま》れを受けることはしない。しかし、あなたがたのうちには神を愛する愛がないことを知っている（神の愛をもっていないことをわたしは知った）」。　（五章三八～四二節）

ここでキリストは、「あなたがたは聖書の中に永遠の生命があると思って調べているが、この聖書はわたしについて証《あか》しするものである」と言っておられます。この「わたし」とは、イエス・キリストのことです。

多くの人は「神を信ずる」と申します。また、神について語る人はあります。しかし、人間イエスとなって現れた、あのキリストを愛し、信ずる信仰者は少なくなりつつあるように思います。

先日、四百名近い人たちと共に、イスラエルへ聖地巡礼《じゅんれい》に参りました。だが、ユダヤ人によって二千年ぶりに建国された現代のイスラエルを愛するということを、良く思わないクリスチャンたちがいます。しかし私は、人がどう思おうとも、愛せざるをえない。どうしてかというと、私はこの聖書の宗教をイエス・キリストを通して信じたからです。

イエス・キリストを知るようになって、私は真っ暗な心にほのぼのとした光を見出《みいだ》した。そして、ほんとうに自分の人生が変わった。運命が変わり、幸いを得るようになった。これはイエス・キリストのおかげです。

前（第二〇講）にもお話ししましたが、そのキリストは、地上に生きておられた時に、「やがてエルサレムは滅《ほろ》び、ユダヤ人は世界に散らされる。しかし時が満ちると、異邦人《いほうじん》による支配が終わり、ユダヤの民《たみ》が帰ってくる」と言われました。

そのお言葉どおりに、イスラエルは建国され、旧エルサレム市街も再びユダヤ人の手に帰ってきました。こうして預言が成就《じょうじゅ》したことを思うと、イエス・キリストがもし地上に生きておられたら、さぞお嬉《うれ》しかろうなあと私は思う。私はキリストの弟子《でし》であるから、一緒《いっしょ》に喜ばずにおられぬだけのことであって、私がイスラエルを愛するのには、それ以外に深い理由はないんです。そんなに理屈《りくつ》はないんですよ。

キリストなくして私は神を知らなかった。私にとって、イエス・キリストは血も涙《なみだ》もある人格的存在《そんざい》なのであって、観念的なお方ではないんです。今もキリストの霊は生きて働いておられる。また、ご自身をイスラエル人として顕現《けんげん》されたお方であると思うと、私はその血を感ずるんです。

そこに私たちの信仰と、他の教会の信仰との違《ちが》いがあると思います。もちろん教会の人も、「キリストを信ずる」とは言われますよ。しかしそのキリストは、ほとんどが抽象《ちゅうしょう》的《てき》な観念としてのキリストであって、生きて、血が流れ、体温が感ぜられるような意味における、人格としてのイエス・キリストではありません。

人格を無視《むし》した議論《ぎろん》

今の日本のキリスト教における重大な欠陥《けっかん》は、人格的な神を信じていないということです。生きた人格は血も涙《なみだ》も流れ、憤《いきどお》ったり、愛したり、悲しんだりします。感情があるからです。しかし、生きた人格でないものは、単なる理屈《りくつ》や観念にすぎません。

二十年ほど前、スイスのエミール・ブルンナー*という神学者が日本に来ておりました。この先生は、「人間は神の似姿《にすがた》である」ということを強調して、同じスイスの神学者カール・バルトと論争《ろんそう》した人です。ブルンナーは日本を愛し、また日本の無教会運動に興味を示し、日本に骨《ほね》を埋《うず》めるつもりで、チューリリヒ大学の教授の地位を棒《ぼう》に振《ふ》って来日したんです。そして、国際基督教《キリストきょう》大学の教授となった。しかし、日本のキリスト教界の人たちの、この人に対するあしらいは実に冷たいものでした。

私は、ある聖書学の学会に行きました。すると、神学を事とする学者たちがブルンナー氏に寄ってきて、「カール・バルトはこう言いました。バルトの言うことによれば、こういう結論になるじゃないですか。あなたの見解を聞きたい」などと失礼千万《せんばん》なことを言う。バルトとは対立的な考えの方に、あえてそんな質問をぶつける。

それに対してブルンナー先生は立派《りっぱ》でした。何もなかったかのようにお話しでした。私は偉《えら》いと思った。一方、日本の学者たちは論戦を挑《いど》むばかりで、なんと失礼な連中だろうかと思った。その根本には何があるかというと、宗教を単なる理屈《りくつ》だと思っている。神学などという屁理屈《へりくつ》をありがたがって、生きた人格というものを無視《むし》する。ただ学問的な闘《とう》争《そう》、論争を事として、人間の議論によって真理が決まると思い上がっている。これはクリスチャンの通弊《つうへい》です。

聖書における実存的《じつぞんてき》な人格

私はイエス・キリストを肉の目で見たことはありません。人種も違《ちが》います。だが「キリスト」と思うだけで、もう涙《なみだ》が込《こ》み上《あ》げるくらい、私にとっては人格的な存在なんです。実在なんです！　もしキリストが在《いま》さなかったならば、現在の自分はどんなに惨《みじ》めで心暗く、悩《なや》みつづけているだろうかと思うと、贖《あがな》い主《ぬし》に対する感謝感激《かんげき》というものが、私を動かしてやまないのです(泣きながら)。

このような、聖書が説く意味の人格というものを、今の西洋人は知っていない。それに痛憤《つうふん》して、『我と汝《なんじ》』という本を書いて、「神との出会いは人格的なものだ」ということを言ったのが、ユダヤ人の宗教哲学者《てつがくしゃ》*マルティン・ブーバーでした。

聖書が言っている「人格」とは、どういうものか。

今から三千年以上前に、聖書の宗教を確立した神の人モーセ*は、ナイル川に捨《す》てられていたところをエジプトの王女に拾い上げられ、王宮で育てられて、他に並ぶ者のないほど高い地位を得た人でした。しかしある時、同胞《どうほう》のヘブル人がエジプト人にいじめられているのを見て、そのエジプト人を殺してしまった。それが発覚し、モーセは恐《おそ》ろしくなってシナイ半島の彼方《かなた》、ミデアンの荒野《あらの》に逃《のが》れました。彼は異郷《いきょう》の地で羊飼いになり、ホレブの山の奥《おく》で流浪《るろう》しておりました。

モーセはそのように人生に絶望し、死を求めても死ねず、もうこれ以上どこにも行けないような人生の行《ゆ》き詰《づ》まりに来た時に、燃える柴《しば》の中から、

燃える柴の中から神はモーセの名を呼ばれた

「モーセよ、モーセよ」と呼《よ》びたもう神の声を聴《き》きました。

その時、「何だろう」と彼の心はあやしくときめいた。

「私はここにいます」とモーセが答えますと、

「靴《くつ》を脱《ぬ》げ。ここは聖なる地だからである」と神様から言われた。

モーセは、自分の人格に対して語りかける声を聴いたんです。そうして、彼はイスラエルの民《たみ》を救う使命を神から授《さず》かったのでした。

聖書が言っている人格とは、そういう意味なんです。

人間は、独り自分で生きておる間は、自分の尊《とうと》さもわからない。しかし、生ける人格的な神から、「汝《なんじ》、おまえよ」と呼《よ》びかけられると、神の前に呼び出された自分の尊さに、真の我を発見するんです。

おのおのの名で呼ばれる経験

江戸時代の勤皇《きんのう》思想家・高山彦九郎《ひこくろう》*は、徳川幕府《ばくふ》の支配下に王政復古を志し、そのために奔走《ほんそう》した人でした。彦九郎は皇室《こうしつ》の衰《おとろ》えを嘆《なげ》き、天皇様の御代《みよ》を来たらせたいと願いました。そのためには死んでもかまわない、とまで思うようになった。そのきっかけといわれる逸話《いつわ》があります。

彼は何とかして京の都で天皇様に拝謁《はいえつ》したいと念願しておりましたが、自分の低い身分を思い、幕府の厳《きび》しい監視《かんし》の目を知るにつけても、その機会がめぐってくるとは思えませんでした。

しかしある時、彼が琵琶湖《びわこ》のほとりを歩いていると、緑色の藻《も》が毛のようについた蓑亀《みのがめ》を手に入れることができた。このような亀は瑞祥《ずいしょう》といって、昔から非常にめでたいしるしとされていました。彼は、「この珍《めずら》しい瑞祥《ずいしょう》の亀《かめ》を天皇様《てんのうさま》に献上《けんじょう》してお喜ばせしたい」という名目ならば、宮中に参内《さんだい》できるかもしれぬと思いつきました。

やがて首尾よく光格天皇に拝謁《はいえつ》する光栄を得ました。その時、「おまえが高山彦九郎なのか。王政復古のために尽《つ》くそうと、隠《かく》れて働いておる勤皇《きんのう》の志士、彦九郎なのか」との破格のお言葉を賜《たまわ》りました。

この時の感激《かんげき》を詠《よ》んだといわれているのが、

我を我としろしめすぞや皇《すべらぎ》の玉の御声《みこえ》のかかるうれしさ

という歌です。「私のような卑《いや》しい、つまらぬ人間を覚えて、畏《おそ》れ多《おお》くも天皇様じきじきにお声をかけてくださった！」――この感激に、もう死んでもよいと我ならぬ我の自覚が起こり、奮起《ふんき》して新時代の到来《とうらい》のため、国事に大奔走《だいほんそう》したのであります。

これは、私たち神に見出《みいだ》された者の感激に、何か共通するものがあります。

旧約聖書のイザヤ書には、

「主は数をしらべて万軍《ばんぐん》をひきいだし、おのおのをその名で呼《よ》ばれる」(四〇章二六節)という言葉があります。主なる神は、すべての者を一人ひとりその名で呼《よ》び出《だ》したもう、と。昔、私たちが軍隊におりました頃《ころ》は、兵隊それぞれに番号があり、「何番、出てこい」と呼ばれました。しかし神様は、そのように番号で呼ぶような呼び方はされない。おのおのの名を呼んでくださる。名を呼ぶというのは、親しい人格関係を表します。

それで、同じ「人格」という言葉でも、世の中で「あれは人格者だ」などという場合とは、ずいぶん内容が違《ちが》います。涙《なみだ》をさしぐませるような人格的な関係、それを聖書では信仰と言っているんです。

信仰は神との出会いから

現代は、人間同士においての人格的関係が希薄《きはく》になってきています。ましてや神様に対する人格的な関係というものを、一般《いっぱん》の人々はもっておりません。しかしそれでは、自分の心の深いところの涙がほんとうに拭《ぬぐ》われるということもないし、また神と共に歩こうとまではしません。

神様の御前《みまえ》でのみ、自分の人格というものが本当の意味で認《みと》められる。「こんな卑《いや》しい者を、神様、どうしてあなたは選んで名前を呼《よ》び、救ってくださったんですか」というのが、私たち幕屋《まくや》の者に共通する感謝であり、祈りですね。神の人モーセも、神の呼びかけを聞き、神と出会わなければ、本当の自分を発見しませんでした。

それで、信仰の始まりは、まず神との人格的な出会いからなんです。座禅《ざぜん》でも組んで、観念的にわかった神――そんなものは人間の頭の中で描《えが》いた神であって、涙《なみだ》を流しながら「ああ、神様！　あなたに頼《たよ》って私は生きます！」と叫《さけ》ぶような神様ではありません。生ける神との出会いは、眠《ねむ》っている心が呼び覚まされるような出会いです。それを、revelation《レヴェレーション》(啓示《けいじ》)とも神学的には言います。

とにかく今までは、神とまともに出会うようなことがなかった者が、神に出会ってからというもの、もう心が躍《おど》り狂《くる》うぐらいに熱い気持ちになる。

そうならしめるのは何でしょう。独り寂《さび》しくトボトボと歩いていた男が、ある時、妻たるべき人に出会う。その感激《かんげき》、感動は、もうじっと抑《おさ》えられないものがありますね。同様に、神に出会う時、今まで自分の中に眠ってしおれておったような心が、揺《ゆ》り動《うご》かされるようなことが起こるんです。

ですから、人格的関係というのは、互《たが》いの愛の関係なんですね。神様が、「モーセよ、モーセよ」と呼《よ》ばれた。またキリストが、弟子《でし》のペテロに対して「シモン、シモン」と呼ばれたのは、深くその人の心に結びつき、交わりたいからです。

「人は外の顔かたちを見、主は心を見る」(サムエル記上一六章七節)という聖句がありま す。神様は心を見る。人間の本質は心です。神様は、人間をいろいろ試みたりして、心の内側すべてを挙げて神を愛するかどうかを見ようとしておられる。それは、人間の本質である心と深く交わり、結びつくことを願われるからです。

神と人間との結びつき、それを愛といいます。人間同士でもそうです。

ですから神の御前《みまえ》にまかり出る時に、「ああ、神様!」と言って涙《なみだ》が差しぐみ、たまらないような心が湧《わ》くかどうか。それを問わずに、ただ議論《ぎろん》の事としている間は、どうしても信仰がわかりません。

「触《ふ》れて知る」ということ

何ゆえ、神の霊はイエス・キリストという人間となって現れられたか。それは、人間が人格的存在《そんざい》だからです。神様が雲の上の高い所におられるだけなら、ありがたくはあるが、私たちには関係がありません。しかし聖書で言う信仰は、神と人が深く交わり合い、親しく結びつく関係をいいます。「人（アダム）はその妻エバを知った」（創世記四章一節）というときの、「ידע《ヤダア》　知る」というヘブライ語は、「触《ふ》れ合《あ》って知る」という意味であるように、神が人間を知りたもう知り方は、概念《がいねん》として頭で知る知り方ではないんです。血が感ずるような知り方、これをいうんです。

ですから、たとえば「わたしの裁《さば》き」などというキリストのお言葉があると、「裁くなどとは良くないじゃないか」と現代人は思いますね。だが、愛する者が不義、不《ふ》信頼《しんらい》、背《そむ》くようなことをしていたら、黙《だま》って許せるかどうか。許せない、許したくない、もっと立《りっ》派《ぱ》であってほしい、そう思うのが愛の当然です。

聖書の神様は、人間をそのように見ておられる。血も涙《なみだ》も、怒《いか》りも、濃《こ》い愛情もあるお方なのであって、ギリシア哲学《てつがく》や西洋の宗教哲学におけるような抽象的《ちゅうしょうてき》概念としての神様ではないんです。ここに、ぜひとも私たちが、日本に輸入されている観念的なキリスト教と断絶して生きてゆかねばならぬ理由があります。

歴史の中から生まれた宗教

日本には、禅宗《ぜんしゅう》のように静かに瞑想《めいそう》して悟《さと》る宗教や、念仏一筋《ひとすじ》の浄土宗《じょうどしゅう》のような宗教があります。私もその良さは知っております。だがそれらは、どちらかというと、生きた人格に対する信仰、実在に対する信仰ではありません。

それに対して、聖書の宗教は、イスラエル民族がさんざんに苦しんだ歴史を通してにじみ出てきた経験的宗教であって、その経験や歴史を取り去って冷ややかに議論《ぎろん》して成立したものではないんです。

ですから、小さい自分の生涯《しょうがい》を顧《かえり》みても、暗い苦しい時があったけれど、そこから不思議に贖《あがな》い出《だ》されてきたという感激《かんげき》が、聖書を共鳴共感して読ましめるんです。それがなかったら、本当には聖書はわからない。

「私は神様を信じるが、人間キリストは信じない」と言う人がいます。信じない人は信じないでもいいです。しかしイエス・キリストは、ここで「あなたがたは、聖書の中に永遠の命があると思って調べているが、この聖書は、わたしについてあかしをするものである」(五章三九節)と言っておられる。

生命《いのち》は、それが生きて現れた姿《すがた》を見なければわかりません。どれだけ百合《ゆり》という植物について議論《ぎろん》しても、実際に咲《さ》いた百合の花を見なければ百合のことはわからない。同様に、イエス・キリストを見なければ、血も涙《なみだ》もあるような信仰、人間として苦しみ悩《なや》み、嘆《なげ》き、憤《いきどお》りながらも神と共に生きる信仰はわからない、ということです。

聖書の宗教は、アブラハム以来ずっと人間が悩み苦しんだ時に、主なる神も共に悩んで、イスラエルの民《たみ》と荒野《あらの》で天幕《てんまく》生活を共にして教え導かれたところから生まれました。それは、単なる議論としての概念《がいねん》ではない、経験的なものでした。経験して知る神様です。

ここに私たちは、ただ聖書を読むだけではない。自分の経験を通して信仰を学ぶとともに、イスラエル民族が神と共に歩いた聖書の舞台《ぶたい》に立って、もういっぺん読み直すことの重大な意味があるんです。

観念的な反戦論

今のクリスチャンの信仰は観念的です。ただの理屈《りくつ》で物を言いますから、体験から得たものではありません。

たとえば、彼らは赤い左翼《さよく》の連中と一緒《いっしょ》になって反戦運動をし、「戦争反対」と言います。私は、「君たちは戦争を体験したことがあるのか」と問いたい。

私は＊支那《シナ》事変の時、特務機関の宣撫《せんぶ》班員《はんいん》として大陸に行きましたので、戦争の痛《いた》ましさと苦しみとをほんとうに知っています。しかし、戦わなければ、日本という国が存続《そんぞく》できなかった時もあったんです。日露《にちろ》戦争の時でもそうです。第二次世界大戦の時も、米英が日本をどんなにいじめたか。日本も悪いですよ、中国に攻《せ》め込《こ》みすぎましたから。しかし、黙《だま》っていたならば、国が、民族が滅《ほろ》ぶ寸前《すんぜん》だったんです。

もし今、自分の家に暴漢《ぼうかん》が押《お》し入《い》って自分の妻や子供《こども》に暴行《ぼうこう》を加えるようなときに、男が黙って指をくわえて見ていますか！　私は自分が殺されたって抵抗《ていこう》します。それで満足です。私は、単なる反戦論《はんせんろん》とか非戦論は唱えません。戦争は嫌《いや》ですよ。私は支那事変が始まる前に、非戦論の講演会をやったような人間です。しかし、そのような誰《だれ》も叫《さけ》ばない時代に叫んだ非戦論と、今誰もが「戦争反対、平和、平和」と言っている時代に叫ぶ反戦論とは全然違《ちが》います。

戦争は矛盾《むじゅん》です。しかし、その罪を犯《おか》さなければならぬような、国と国との争いもあるんです。その一員として、駆《か》り出《だ》されなければならぬようなこともあるんです。

命あるものは変わる

神は不変であるとの神観念を、宗教哲学《てつがく》の問題としては論《ろん》じます。しかし、生きた人格は変わります。「今泣いたカラスがもう笑った」と子供《こども》の時に歌ったように、生きているものは変わります。植物でも、芽を出し、葉が出て花が咲《さ》き、実り、やがてしぼみます。命あるものは変化します。

聖書には「神の怒《いか》り、神の裁《さば》き」などと書いてあっても、それは法律《ほうりつ》に立った裁きじゃないんです。神様は人々が滅《ほろ》ぶことを嘆《なげ》いて、悔《く》い改《あらた》めることを求めておられるんです。悔い改める者があったら、神様はもう嬉《うれ》しくてたまらない。今まで悪の道に走っていたわが子が、良き方向に変わった時に、親はどんなに嬉しいか。神様も、人間が変わった良き姿《すがた》を見て、「良かったなあ、嬉しいなあ」とお喜びになる。

すべてのものは変わる。人間も変われるんです。神のご愛というか、神に出会うと変わってくるんです。人生に破れ、世をはかなんでおったモーセが、すっかり変わって神に裏《う》打《う》ちされはじめると、イスラエルの民《たみ》も変わりました。

聖書を読むと、神様はご自分の栄光を、最も良きものを人々に満たそうとされるけれど、人間はそれを受け取ろうとしない。しかし、神の臨在下《りんざいか》に、栄光の中に生きることがどんなに素晴《すば》らしいことか。それをどうして知ろうとしないか、とキリストは嘆《なげ》いておられる。

ここでキリストは、「あなたがたが求めている永遠の生命は、わたしの内にある。だから、こんなに不思議なことが起こるのだ。そのことがわかって、もっと永遠の生命を求めてくれないかなあ」と言っておられるんですね。キリストの中にあった永遠の生命――それをひと雫《しずく》でも注がれるならば、私たちはほんとうに変わることができます。

祈ります。

神様を何かの哲学的《てつがくてき》原理や観念としている限り、私たちが救われるということはありません。生きた神が人格の姿《すがた》をとって現れてくださらない限り、私たちは神がわからない。聖書はそれを訴《うった》えています。

「モーセよ、モーセよ」と呼《よ》びたもうた神様、また、イエス・キリストという肉体をとって地上に現れ、多くの悩《なや》み苦しんでいる者の友となりたもうた神様がおられるんです。そういう生きた神の霊が、実在として私たちに迫《せま》ってくるときに、私たちも双手《もろて》を挙げずにおられなくなるんです。

皆《みな》が神なき人生を歩み、神でないものを神としている今の世です。しかし、私たちは真の神に出会いとうございます！　私たちに求める心さえあるならば、神様は人間を愛して、出会いたくて出会いたくてたまらないんです。このような神様に出会って、お互《たが》い運命の大転換《だいてんかん》をしようではありませんか！

神は愛です。神は祝福したまいます！　神は最善《さいぜん》をなさいます。どうか神の愛と善意だけに寄《よ》り頼《たの》んで、永遠の生命、天国に滾《たぎ》る生命を、この地上で受けとうございます。

キリストの神様！　心から御名《みな》を賛美いたします。

神様、あなたが愛し、あなたが慈《いつく》しみ、あなたが視線《しせん》を注ぎたもう魂たちが、ここに集《つど》っております。一人ひとりの名を呼んで、どうぞ出会ってくださるよう、手を取ってくださるよう、心に触《ふ》れてくださるよう、祈ります。
あなたはすべてを知りたまいます。どうか最善《さいぜん》に導いてください！

（一九七三年四月二十九日）

＊エミール・ブルンナー…一八八九～一九六六年。一九五三年から一九五五年の間、国際基督教大学教授として来日。

＊マルティン・ブーバー…一八七八～一九六五年。ウィーンに生まれる。フランクフルト大学教授、後にエルサレムのヘブライ大学教授。二十世紀を代表するユダヤ人宗教哲学者《てつがくしゃ》。

＊モーセ…紀元前十三世紀、イスラエル民族を導いた預言者、立法者。エジプト圧政下に苦しむイスラエルの民《たみ》を脱出《だっしゅつ》させ、約束の地カナンに導いた。彼がシナイ山で神から授《さず》かった「十《じっ》戒《かい》」は、後のユダヤ教の律法《りっぽう》の中核《ちゅうかく》をなすものとなった。

＊高山彦九郎…一七四七～一七九三年。江戸時代後期の尊王家《そんのうか》。上州（群馬県）の人。

＊支那《シナ》事変…日中戦争（一九三七～一九四五年）に対する当時の日本側の呼称《こしょう》。

〔第二五講　聖句　ヨハネ伝五章三九～四七節〕

39「あなたがたは、聖書の中に永遠の命があると思って調べているが、この聖書
は、わたしについてあかしをするものである。40しかも、あなたがたは、命を得る
ためにわたしのもとにこようともしない。
41わたしは人からの誉《ほま》れを受けることはしない。42しかし、あなたがたのうちに
は神を愛する愛がないことを知っている。43わたしは父の名によってきたのに、あ
なたがたはわたしを受けいれない。もし、ほかの人が彼自身の名によって来るなら
ば、その人を受けいれるのであろう。44互《たが》いに誉れを受けながら、ただひとりの神
からの誉れを求めようとしないあなたがたは、どうして信じることができようか。
45わたしがあなたがたのことを父に訴《うった》えると、考えてはいけない。あなたがたを
訴える者は、あなたがたが頼《たの》みとしているモーセその人である。46もし、あなたが
たがモーセを信じたならば、わたしをも信じたであろう。モーセは、わたしについ
て書いたのである。

47しかし、モーセの書いたものを信じないならば、どうしてわたしの言葉を信じるだろうか」。

第二五講

旧約なければ新約なし

ヨハネ伝五章三九〜四七節

イエス・キリストは、当時の形式主義的な宗教家に対して、次のように言われました。

「あなたがたは、聖書の中に永遠の命があると思って調べているが、この聖書は、わたしについてあかしをするものである。しかも、あなたがたは、命を得るためにわたしのもとにこようともしない。……もし、あなたがたがモーセを信じたならば、わたしをも信じたであろう。モーセは、わたしについて書いたのである。しかし、モーセの書いたものを信じないならば、どうしてわたしの言葉を信じるだろうか」。

（五章三九〜四七節）

ここでキリストが「聖書」と言われたのは、*旧約聖書のことです。イエス・キリストの時代には*新約聖書はまだなく、聖書といえば旧約聖書を意味しました。また「モーセの書いたもの」とは、旧約聖書の最初の五巻《かん》（創世記《そうせいき》、出エジプト記、レビ記、民数記、申命記《しんめいき》）を指します。ユダヤ人はこれを、「モーセ五書」とか「*トーラー（律法《りっぽう》）」と呼《よ》び、旧約中で最も重要な部分として尊《とうと》んでおります。

根と花のように

「もし、あなたがたがモーセを信じたならば、わたしをも信じたであろう。モーセは、わたしについて書いたのである」（五章四六節）とのキリストの言葉からわかりますように、私たちは旧約聖書がわからなければ、新約聖書のキリストの意味を真に理解できません。

植物に例えると、旧約は根であり幹であり、新約はその花であり実であります。

「木はそれぞれ、その実でわかる」（ルカ伝六章四四節）と主イエスが言われましたように、美味な良い果実を結ぶか否《いな》かは、樹木《じゅもく》そのものの良《よ》し悪《あ》しによります。私たちは、良い苗《なえ》木《ぎ》を選び、根を大切にしなければ、良い信仰の花を咲《さ》かせたり、実を結ばせたりすることはできません。

同様に、もし私たちが旧約を否定《ひてい》したら、真の新約的信仰は決して確立されない。これは大事なことですね。ところが今のクリスチャンは、西洋でも日本でも、旧約聖書を読む人は少ない。否《いな》、旧約聖書は読む価値《かち》がない、と思っている人までおります。

「なぜ私の信仰は進まないのか」と言う人があるならば、私はあえて言います、それは聖書といえば新約だけで、旧約なんて古くさいものだと勘違《かんちが》いしているからです。これは大きな過《あやま》ちでありまして、聖書は旧約の土台の上に新約が書かれたんです。旧約聖書がなければ、新約聖書も存在《そんざい》しないんです。ここに私たち幕屋《まくや》の信仰の立場があります。

新約聖書しか読まないクリスチャンが、いかに薄《うす》っぺらい信仰であるか。それは根無し草だからです。「モーセがわからなければ、わたしのことはわからない」とキリストが言われるとおりです。

民族の救いを問題にする聖書

今の教会クリスチャンは、宗教を抽象的《ちゅうしょうてき》な議論《ぎろん》の問題にしてしまっており、彼らの信仰は生ける神にありありと贖《あがな》われる体験を生み出しません。それは、旧約を軽視《けいし》する態度に根本的な原因があります。聖書を六法全書のように条文化し、抽象化《ちゅうしょうか》して、「神とは何ぞや?」と議論《ぎろん》を戦わせてみても、それは空《むな》しい知識の積み重ねでして、それは信仰ですらありません。

宗教とは、「神」ともいうべき実在に、ありありと出会う体験から始まるんです。困難《こんなん》な問題にぶつかり、越《こ》え難《がた》い障壁《しょうへき》に直面したとき、神が私たちと共にいてくださるので、問題は解決し、障壁も突破《とっぱ》することができます。この経験的な事実が歴史となります。聖書とは、この贖いの聖なる歴史の展開《てんかい》なんです。イスラエル民族の長い苦しみの中から生み出された宗教経験と、それを記した旧約聖書。これを直《じか》に知るために、私たちは皆《みな》でイスラエルに出かけるんです。

今のキリスト教は、個人的な救いというか、魂の救いだけを考える。

しかし旧約聖書を読んでみますと、神がいかに苦心してイスラエル民族を救おうとしたか、その歴史を問題にしているんですね。一つの民族、一つの国家が、いかにして神に救われたか、その歴史的プロセスが強調されています。

神は、ある時はイスラエルの民《たみ》を慰《なぐさ》め、ある時は懲《こ》らしめ、時には栄えしめ、またある時には流浪《るろう》の生活を送らしめて、神と共に歩む信仰を体験せしめました。それは、一個人のことよりも、イスラエルという「民族」を単位とする取《と》り扱《あつか》いでした。

エレミヤ、イザヤ、エリヤ、エリシャ、その他、数多くの預言者たちは、ただ個人的な救いや、個人の安寧《あんねい》幸福を願うよりも、ひたすらイスラエル民族のために神に祈り、民族愛ゆえの宗教活動をしたんです。

マルティン・ブーバー（左）と手島郁郎（1963年）

私は以前、マルティン・ブーバーとエルサレムで対談した時、一つの警告《けいこく》を受けました、「なぜ、あなたはキリスト教のような個人主義的な宗教を信ずるのか？　聖書の宗教は一個人を救うけれども、決して個人中心のものではない。個人の信仰告白に基調を置く西洋のキリスト教が、もし日本人の心に食いつくようになったら、日本という国は瓦解《がかい》してしまうに違《ちが》いないであろう。民族の救いに神の関心がある」と。

このブーバー教授の警告《けいこく》を、当初、私は十分に理解することができませんでした。しかし、自ら聖書をひもとき、深く沈思黙考《ちんしもっこう》するうちに、その言葉の意味を理解することができるようになりました。

「ああ神よ、ユダヤを救いたまえ！　イスラエルを救いたまえ！　このエルサレムをもう一度、私たちに回復してください」という、長い間のイスラエル人の祈りは、一個人としての問題である以上に、イスラエル民族の一員としての自覚を、いかなる時にも忘《わす》れなかった、という事実を明らかにしています。

民族の誇《ほこ》りを忘れた日本人

しかしながら戦後の日本においては、アメリカの占領政策《せんりょうせいさく》による民主主義が行なわれるようになった結果、個人主義、利己《りこ》主義的な傾向《けいこう》が国民生活のあらゆる面を蝕《むしば》むようになりました。今や公共の利益は犠牲《ぎせい》にしても、個人の利益や生活権《せいかつけん》が強調されている。海外に進出した日本人も、「エコノミック・アニマル」だとか「醜《みにく》い日本人」とか呼《よ》ばれて、世界じゅうから嫌《きら》われています。

なぜ日本という国は、こんな情けない国になってしまったのか。

それは、左翼的《さよくてき》な日教組が牛耳《ぎゅうじ》る学校教育においては、聖書に説かれているような「民族の誇《ほこ》り」を教えないからです。ただ一個の自分の利益だけに生きて、より大きいもののためにも生きる道を忘《わす》れた現代の日本人――やがてこんな国民は自滅《じめつ》してしまいます。

せっかく明治・大正時代まで続いてきた、日本国民全体が美しく一団となって生きた時期が、いつになったら回復するでしょうか！

旧約聖書を読むたびに、この民族への思いが私の胸《むね》を打つんです。このように、民族の存亡《そんぼう》について胸を打たない人は、旧約聖書を読まないし、また読んでもわかりません。

そのような人はまた、「旧約聖書は、あまりに民族主義的すぎる」と批判《ひはん》します。

だが、彼らは「民族主義」と「民族的利己《りこ》主義」とを混同しています。聖書が教えるのは、民族的利己主義ではなく、民族が神に選ばれ、神の栄光のために生きる民《たみ》とされるという、真の民族主義の立場です。

ですから、本当の愛国心を養成しようと思うならば、旧約聖書を読むべきです。国家民族の興亡《こうぼう》を、政党や政府に委《ゆだ》ねて、宗教が無関心であるべきではありません。

神は、ご自身の栄光を現そうとしてイスラエル民族を選ばれ、神のために生きる民《たみ》となそうとして、さまざまに導きたまいました。神はいかにイスラエルを救いたもうたか。しかし民は、いかに神の救いから洩《も》れて勝手な道に走って苦しんだか。聖書は、その歴史を赤裸々《せきらら》に記しております。このように、イスラエルという民族の歴史に現れた、神の贖《あがな》いの業《わざ》を強調しているのが旧約聖書です。

千九百年にわたって世界じゅうをさまよったイスラエル民族が、二十五年前(一九四八年)に独立を達成することができたのも、実に旧約聖書があったからだ、とはイスラエルの多くの指導者が主張するとおりです。

ディアスポラ(離散《りさん》)のユダヤ人は、世界の各地で混血してしまいましたから、人種的に「ユダヤ人とは、誰《だれ》か?」というのは大問題です。けれども彼らは、ユダヤ人でありつづけようとする熱意ゆえに、皆《みな》が一つの聖書を読みつづけ、刺激《しげき》され、心躍《こころおど》らされつつ国造りしたので、ユダヤ教の信奉《しんぽう》がイスラエル国籍《こくせき》取得の条件となっています。

ユダヤ人は、「聖書を持っていたからこそ、私たちはもう一度、国を回復することができた。二十世紀最大の奇跡《きせき》を体験することができたのだ」と旧約聖書に対して強烈《きょうれつ》な誇《ほこ》りを抱《いだ》いています。単なる弱小民族だったら、到底《とうてい》このような国の再興などできるものではない。日本人でも、他と同化するのが早いですから、もし国土を失えば、果たして再び建国の偉業《いぎょう》を達成できるかどうか、私ははなはだ疑問《ぎもん》に思います。

一つの神の御業《みわざ》

旧約聖書のイザヤ書その他を読んで、私たちが興味深く感ずることの一つは、「イスラエルよ、おまえは……、エルサレムよ、あなたは……」などと、多数の人間の集合体であるイスラエルを個人を呼《よ》ぶように記している、という事実です。これは、私たちが聖書を読む時に注意しなければならないことです。

一つの神様が造られたこの世界は、多様性に富むと同時に、多くの点で共通した一定の類型をもっています。たとえば、最も微小《びしょう》なる世界で、原子《げんし》核《かく》の周囲を電子その他の微《び》粒子《りゅうし》が渦巻《うずま》いているように、巨大《きょだい》な宇宙《うちゅう》においても、太陽を中心に水星、金星、地球、火星、木星、土星などの惑星《わくせい》が巡《めぐ》っている。この構図を見ると、ミクロ（極小）の世界もマクロ（極大）の世界も、全く同じではないにせよ、極《きわ》めてよく似ている。

同様に、旧約聖書は民族という大きい単位で問題を考えていますが、しかしこれを個人の問題にあてはめ、圧縮《あっしゅく》しますと新約的となります。新約聖書は個人の魂の救いを問題にしている、といわれますけれども、必ずしもそうではない。イエス・キリストの信仰を見ても、またパウロの信仰でも、民族的、国家的、世界的なスケールをもっています。ですから、一見、個人個人を重視《じゅうし》しているかに見える新約も、これを拡大《かくだい》すれば旧約に帰ることができます。アウグスチヌス*が言っているように、「旧約聖書の中に新約聖書が隠《かく》れており、新約聖書の中に旧約聖書が現れている」のでして、これは二つのものではなく一つのものです。

しかるに西洋クリスチャンは、旧約に親しもうとしない。どうしてか。

一つには、ユダヤ教徒は旧約聖書しか読まないので、彼らの聖典を読む必要はないんだという狭《せま》い教派心《きょうはしん》にとらわれているからです。彼らはまた、「旧約の神は義と審判《しんぱん》と怒《いか》りの神であるが、新約の神は愛と救いと赦《ゆる》しの神だ」などと、一面観だけを誇張《こちょう》して旧約聖書に反発しています。

しかしこれは、彼らが本当の愛を知らないからです。神の義を含《ふく》まない愛は、真の愛ではありません。愛は義を含んでこそ、本当の愛です。また、旧約聖書は愛のない義などを説いてはいません。義と言い、愛と称《しょう》しても、実はこれは一つの両面であります。

真に義を含む愛、柔和《にゅうわ》でしかも威厳《いげん》に富む愛――不二一体、人間においてもだんだん完成し、人格はこの域《いき》に達するものです。このような実体としての愛の本質を知らないから、今のクリスチャンは旧約聖書を読もうとしないんです。

真の贖罪《しょくざい》信仰は

もう一つ、一般《いっぱん》のキリスト教徒が旧約聖書を読まない理由は、旧約聖書のもつ厳《きび》しい「罪への恐《おそ》れ」が彼らの肌《はだ》に合わないからです。現今の人々は、なるべく罪を軽視《けいし》しようとします。毎日新聞の記者が、外務省の女秘書官《ひしょかん》と姦通《かんつう》して取材したのに、「取材の自由」という美名に隠《かく》れて、自らの犯《おか》した姦通の罪に対しては「プライバシーだ」と言《い》い逃《のが》れる。このように、社会全体が「罪意識」を欠いでいますから、ほんとうに贖《あがな》われる信仰体験に入ろうとする人が非常に少ないわけです。

聖書が言う罪とは、単なる過《あやま》ちや失敗のことではありません。人間、この世に生きる限り、いろいろな失敗や過ち、嘘《うそ》、偽《いつわ》りがあります。そうでなければ暮《く》らせないことがあります。しかし、そういうことを聖書は罪とは言っていません。罪とは、神に全く背《せ》を向けて生きること、神がなくても自分は生きられると思う傲慢《ごうまん》な態度を言うんです。

私たちは、もし神がなかったら、自分の運命は滅亡《めつぼう》しかないことを知っています。神なしに生きることの恐《おそ》ろしさを感じ、罪への恐れを深く意識することから、真の贖《しょく》罪《ざい》信仰が始まるんです。ほんとうに罪から贖《あがな》われたいと思う者には、「永遠の生命、すなわちイエス・キリストが抱《いだ》いていた生命に与《あずか》らなければ、とうてい自分は聖《きよ》まらない、変身することはできぬ」という切なる祈りがあるはずです。

このように、厳《きび》しい旧約の罪意識の基盤《きばん》の上に立って、キリストの血(生命)に与る新約的贖罪信仰を説いているのがヘブル書であります。ヘブル書こそ、旧約と新約とを結ぶ要《かなめ》であります。このヘブル書的信仰の復興こそ、私たちの任務です。

互《たが》いに誉《ほま》れを受けるとは

「わたしは人からの誉れを受けることはしない。しかし、あなたがたのうちには神を愛する愛がないことを知っている。わたしは父の名によってきたのに、あなたがたはわたしを受けいれない。もし、ほかの人が彼自身の名によって来るならば、その人を受けいれるのであろう。互いに誉れを受けながら、ただひとりの神からの誉れを求めようとしないあなたがたは、どうして信じることができようか」。

（五章四一～四四節）

ここでキリストが、「あなたがたは互いに誉れを受けながら、ただひとりの神からの誉れを求めようとしない」（五章四四節）と言っておられるのは、どういうことか。

イエス・キリストは神の名において世に来られ、ただ神だけを説かれましたが、人々はキリストを嫌《きら》いました。逆に人々が「あの人は偉《えら》い」と言うような場合は、大概《たいがい》、自分を誇《ほこ》り、自分のタレント（才能）を示して人々に接する人です。

宗教の世界でしたら、「私はこんな有名大学を出て、神学博士である」と言うと、「まあ、そうですか」と言って人は感心する。また、そういう先生の弟子《でし》になるのはありがたいことだと思ってしまう。たとえば、今の時代の神学者たちはみんなカール・バルトになびいていきます。そうすると、「私はバルトに学んだ」「私はバルトの弟子の弟子に学んだ」などと言って、互《たが》いに誉《ほま》れを分かち合う。

あるいは、野球選手の長嶋茂雄《しげお》や王貞治《さだはる》などが通ってくる寿司屋《すしや》に行くと、色紙などが貼《は》ってあって、他の客たちもその寿司屋に来ることを名誉《めいよ》のように思うんですね。そこには、人間が互いに名誉を分け合うだけしかありません。もし宗教がそんなになったら、永遠の生命を誰《だれ》も得ることができなくなってしまいます。

キリストはそのことを言われるんです。

キリストは、ただ父なる神の栄光と誉れだけをもって世に来られた。ただ神の愛を伝えようとして来られたのに、人々は聞こうとしなかった。しかし、この世で偉《えら》いといわれる人が来ると、それになびいてしまう。

聖書は偉大《いだい》な書です。しかし、聖書を手に持っているだけで、聖書に秘《ひ》められた永遠の生命を握《にぎ》らなければ何になるか。神の国の生命である永遠の生命は、どれくらい人間を救い、また変えうるか。このことを知り、このことを握らなければ何になるか。「あなたがたは、聖書の中に永遠の命があると思って調べているが、この聖書は、わたしについてあかしをするものである」(五章三九節)とキリストは言われました。

聖書の表面だけを読むことは、お互《たが》いにやめたい。そんなことを、どれだけ続けても変わりません。ここらで、ほんとうに聖書が約束しているものを握りしめて良かった！　と言える者になりたいですね。そのことを、私は祈ります。

天のお父様、御名《みな》を賛美いたします。

あなたは、旧約聖書を通して、信仰が何であるか、神がいかに我らを救おうとしておられるかを示してくださり、ありがとうございます。

私たちの先輩《せんぱい》でありました内村鑑三《かんぞう》は、また賀川豊彦《とよひこ》は、いつも「日本を救いたまえ、日本を救いたまえ！」と祈りました。深く旧約聖書を読んだ者には、そのような祈りがいつも湧《わ》きます。私たちに、そのような祈りが十分でなかったことを恥《は》じます。

この日本民族が悔《く》い改《あらた》めて、真に世界の歴史を担《にな》う、神の歴史を担う民《たみ》になるために、私たちも祈りつづけとうございます。ここに幕屋の信仰の意味があります。個人だけの利益を求めたり、救いを求める者ではなくて、救われた私たちはあなたの御心《みこころ》を体して、御前に額《ぬか》ずいてゆきとうございます。

全国各地で悩《なや》み苦しみ、あなたの救いがなければ生きることができない人々がたくさんおります。どうぞ神様、一人ひとりを覚えて導いてくださり、この幕屋の民の列に入らしめたもうよう、お願いいたします。

旧約聖書の歴史の中に働きたもうた神様！　あなたは実に不思議な神様です。

明日、五月七日には、世界に散らされたイスラエルが、再び建国して二十五年の節目の祝いが行なわれます。しかるに今の新聞や雑誌《ざっし》は、このことの宗教的な深い意味を理解しておりません。そのような時に、私たちは心からこの国のために祝し、また同様に、醜《みにく》い日本人と言われはじめた私たちが、立ち直ることができるようにならしめてください！

尊《とうと》き御名により祈り奉《たてまつ》ります。

（一九七三年五月六日）

＊旧約聖書…原文はヘブライ語（一部はアラム語）で書かれたユダヤ教の聖典。全三十九巻《かん》。「律《りつ》法《ぽう》」「預言者」「諸書《しょしょ》」の三部から成る。これを受《う》け継《つ》いだキリスト教会が、新約聖書と区別して旧約聖書と呼《よ》んだ。旧約・新約の「約」とは、神と人間との契約《けいやく》の意。キリスト教会では、モーセを通して結ばれた契約を「旧約」、イエス・キリストを通して結ばれた契約を「新約」と呼ぶ。

＊新約聖書…原文はギリシア語で書かれたキリスト教の聖典。全二十七巻。イエス・キリストの言行を記した福音書《ふくいんしょ》、弟子《でし》たちの歩みを記した使徒行伝、使徒たちの書簡《しょかん》、黙示録《もくしろく》から成る。

＊トーラー…ヘブライ語の原意は「教え、指図」。狭義《きょうぎ》には「モーセ五書」を指し、広義には「旧約聖書（口伝《くでん》律法も含《ふく》めて）」を指す。

＊アウグスチヌス…三五四〜四三〇年。初期キリスト教会の教父。北アフリカに生まれる。その神学と哲学的思索《てつがくてきしさく》は、後世のキリスト教思想に多大な影響《えいきょう》を与《あた》えた。

▼本講が語られた二日後、手島郁郎は講話の続きとして「ユダヤ教と原始福音」について語っています。その内容は、補講《ほこう》Ⅰ（三三八頁《ページ》）に掲載《けいさい》しました。併《あわ》せてお読みください。一九七三年の『生命の光』第二七四号には、二つの講話が一つに編集されて掲載されています。

〔第二六講　聖句　ヨハネ伝六章一～一三節〕

1そののち、イエスはガリラヤの海、すなわち、テベリヤ湖の向こう岸へ渡《わた》られ
た。2すると、大ぜいの群衆《ぐんしゅう》がイエスについてきた。病人たちになさっていたしる
しを見たからである。3イエスは山に登って、弟子たちと一緒《いっしょ》にそこで座《ざ》につかれ
た。4時に、ユダヤ人の祭りである過越《すぎこし》が間近になっていた。
5イエスは目をあげ、大ぜいの群衆が自分の方に集まって来るのを見て、ピリポ
に言われた、「どこからパンを買ってきて、この人々に食べさせようか」。
6これはピリポをためそうとして言われたのであって、ご自分ではしようとする
ことを、よくご承知であった。7すると、ピリポはイエスに答えた、「二百デナリ
のパンがあっても、めいめいが少しずついただくにも足りますまい」。
8弟子《でし》のひとり、シモン・ペテロの兄弟アンデレがイエスに言った、9「ここに、
大麦のパン五つと、さかな二ひきとを持っている子供《こども》がいます。しかし、こんなに
大ぜいの人では、それが何になりましょう」。

10イエスは「人々をすわらせなさい」と言われた。その場所には草が多かった。
そこにすわった男の数は五千人ほどであった。11そこで、イエスはパンを取り、感
謝してから、すわっている人々に分《わ》け与《あた》え、また、さかなをも同様にして、彼らの
望むだけ分け与えられた。
12人々がじゅうぶんに食べたのち、イエスは弟子《でし》たちに言われた、「少しでもむ
だにならないように、パンくずのあまりを集めなさい」。13そこで彼らが集めると、
五つの大麦のパンを食べて残ったパンくずは、十二のかごにいっぱいになった。

第二六講

キリストの経済学《けいざいがく》

ヨハネ伝六章一～一三節

今まで学びましたことをひと言で申しますと、キリストが私たち信ずる者に注ぎたもうのは、生命《いのち》の水であるということです。「生命の水」とは、はなはだ象徴的《しょうちょうてき》な言葉ですが、これは、実に不思議な水であります。喜ぶべき時に喜べずに苦しんでおるような人も、この水が作用しはじめると大きな喜びに入るからです。

その具体例が、ヨハネ伝にはいろいろ記されています。

まず二章を読むと、カナという村で貧しい青年男女の結婚式《けっこんしき》があった。その時、祝いのぶどう酒が尽《つ》きてしまった。せっかくお客を招きながら、祝うことができなくなった。彼らが困《こま》っていると、水がぶどう酒に変わるような奇跡《きせき》が起きた。

このように不思議な力をもち、喜びを湧《わ》かす「水」とは何であろうか。

また三章を開くと、ニコデモという宗教に造詣《ぞうけい》の深い人に対して、キリストは「誰《だれ》でも、水と霊とから生まれなければ、神の国に入ることはできない」と言われて、霊的な水によって生まれることの大事さを説いておられる。人間は、母の胎内《たいない》で羊水に浸《ひた》っておったところから生まれてきますが、大事なことは霊の水によって新たに生まれる経験である。そのような経験を潜《くぐ》らなければ、神の国に生まれることはできない、とあります。

四章では、異邦《いほう》のサマリヤの女が、キリストを通して生命《いのち》の水を汲《く》む者となった。彼女は、五人の夫から捨《す》てられたような薄幸《はっこう》の婦人でしたのに、生命の水を得た時に渇《かわ》くことのない嬉《うれ》しい人生に入った。そして、彼女を通してサマリヤの町にリバイバル（信仰復興）が起きた。私は、こういう伝道を志さなければならないと思うんです。洗礼者《せんれいしゃ》ヨハネは、ただ水を注いでバプテスマしていただけであったが、キリストが与《あた》えられるのは聖霊のバプテスマであった。真に不思議な霊の水が、この大宇宙《だいうちゅう》には流れている。

さらに五章を読むと、エルサレムのベテスダの池の水が動く時に、真っ先に池に入った者はどんな病気でも癒《い》やされた。しかし、足腰《あしこし》の立たなかった男は、そこで三十八年間も横たわったままであった。この男が、イエス・キリストに出会っただけで急に立つことができた。それは、キリストから流れてくる生命《いのち》の水に触《ふ》れたからであった。

このようにヨハネ伝は、「霊的な生命の水があるのだ」ということを伝えようとしております。聖書をいたずらにただ読んでも、救われるものではありません。私たちは、この生命の水を汲《く》むところに、渇《かわ》くことのない宗教生活が始まるのである――こういうことを学んできました。

しかし六章からは、キリストは「わたしの肉を食らえ、わたしは生命のパンである」ということを強調されます。六章五六、五七節を見ると、

「わたしの肉を食べ、わたしの血を飲む者はわたしにおり、わたしもまたその人におる。生ける父がわたしをつかわされ、また、わたしが父によって生きているように、わたしを食べる者もわたしによって生きるであろう」とあって、極端《きょくたん》な表現のしかたで神の生命を領する者になるようにとお勧《すす》めであります。

それは抽象的《ちゅうしょうてき》な神学論《しんがくろん》ではなくして、実際に神に養われる生涯《しょうがい》を経験しなければならぬということを、まず六章の初めに書いてあります。

荒野《あらの》に集まる群衆《ぐんしゅう》

そののち、イエスはガリラヤの海、すなわち、テベリヤ湖の向こう岸へ渡《わた》られた。するとと、大ぜいの群衆がイエスについてきた。病人たちになさっていたしるしを見たからである。イエスは山に登って、弟子《でし》たちと一緒《いっしょ》にそこで座《ざ》につかれた。

（六章一～三節）

「ガリラヤの海」とは、イスラエルの北部にある湖のことです。紀元一世紀の初めにこの地方を治めたヘロデ・アンティパスという領主が、この湖のほとりに領地の首府を建て、ティベリウスというローマ皇帝《こうてい》の名にちなんで、ティベリアと名づけました。それで「テベリヤ湖」とも書かれています。

「湖の向こう岸へ渡られた」とありますが、ルカ伝を読みますと、そこはガリラヤ湖北方のベツサイダという所だということがわかります。

するとそこへ、大勢の群衆がイエスについてきた。それは、イエスが病人たちを癒《い》やさ

ベツサイダから対岸のティベリアを望む

れるという、神のしるしを見て驚《おどろ》いたからでした。

しかし、奇跡《きせき》を見てやって来るような信者は、あまり感心しません。奇跡を見たい、奇跡に与《あずか》りたいというだけでは、それは目に見えない神に寄《よ》り頼《たの》む心とは別です。キリストは、その群衆《ぐんしゅう》から離《はな》れようとして、弟子《でし》たちだけを連れてもっと高い山に登り、そこに座《すわ》られました。

弟子を試みられるキリスト

時に、ユダヤ人の祭りである過越《すぎこし》（ペサハ）が間近になっていた。イエスは目をあげ、大ぜいの群衆が自分の方に集まって来るのを見て、ピリポに言われた、「どこからパンを買ってきて、この人々に食べさせようか」。これはピリポを

ためそうとして言われたのであって、ご自分ではしようとすることを、よくご承知であった。（六章四〜六節）

山に退いたのに、なお多くの群衆《ぐんしゅう》がやって来るのを、イエスは目を上げてごらんになった。群衆は、病を癒《い》やすキリストの不思議な力に驚《おどろ》いてやって来ますが、その時にもっと驚くべきことを、イエスは弟子《でし》のピリポに向かって言われました、「どこからパンを買ってきて、この人々に食べさせようか」（六章五節）と。後のほうを読むと、この時、何もない荒野《あらの》に男だけでも五千人ほどおりました。

ここに、「ピリポをためそうとして言われた」（六章六節）とあります。「ためす」というのは、「πειραζω《ペイラゾー》　試みる、試練に遭《あ》わせる」という意味のギリシア語です。人を試みるなんて良くないじゃないかとお思いになるかもしれません。しかし本当の信仰は、理屈《りくつ》や何かの説明を信ずることではないんです。実際生活の中で信仰を試みる、また試みられる、ということによって信仰は進みます。

白隠禅師《はくいんぜんじ》は、参禅に来る者たちに「隻手音声《せきしゅおんじょう》」ということを言いました。両手のひらを合わせて叩《たた》けば「パン！」と音がする。では、片手《かたて》(隻手《せきしゅ》)にどんな音があるか、と問うわけです。片手には、音が「ある」とも「ない」とも答えられない。そうやって禅問答《ぜんもんどう》して弟子《でし》たちを試みて育てたものでした。

私たちも日常生活の中で、さまざまな問題に際して、神様から試みられているのではないでしょうか。いろいろとお金に困《こま》ることがあります。パンに困ることがあります。そのようなときに、どうやって急場を切《き》り抜《ぬ》けるか、神様は私たちを試みておられる。

聖書はこのように、パンの問題を問います。毎日毎日の生活を問います。

宗教と日常生活の問題は別のことのように思われるときに、そうではありません。信仰とは生きることです。どう生活するか、神様はじっと見ていてくださる。そこに私たちの、生活を通しての祈りがあります。

いろいろな人生の問題——商売上のこと、仕事上のことについて困ったときに、「荒野《あらの》で五千人を養いたもうた神様、私はこんな場合どうすべきでしょうか。あなたはピリポを試みられたように、今、私を試みておいでになる」といって対処《たいしょ》なさると、よほど違《ちが》う考えが湧《わ》いてくると思います。最も困難《こんなん》な、食べ物もないような時に、パンが与《あた》えられる。私たちはそのような信仰をもちとうございます。

するると、ピリポはイエスに答えた、「二百デナリのパンがあっても、めいめいが少しずついただくにも足りますまい」。（六章七節）

金に頼《たよ》るな

一デナリは、男の一日分の労賃《ろうちん》です。一日の労賃が千円だとすれば二百デナリは二十万円、二千円だとすれば四十万円になります。二百デナリ分のパンを買ったとしても、とてもこれだけの人々を賄《まかな》いきれません。しかし、そこを賄うのが信仰です。

おそらく、弟子《でし》たちの一団に二百デナリの貯《たくわ》えがあったのでしょう。それを預かっていたのはイスカリオテのユダという者でしたが、ユダは会計係として「これだけ貯えができた」と言って自慢《じまん》し、またそれを頼《たの》みにしておったのでしょう。他の弟子たちも、野外に行《ゆ》き暮《く》れたとしても、自分たちの食べる分ぐらいはこれだけの金があるから大丈夫《だいじょうぶ》だ、と思ったかもしれません。

だがピリポは、このお金ではとても五千人以上もの人を養うことはできない、と思った。こんな野原では、どこにもパンを売ってくれる所はないし、あったとしても五千人分を今から焼くのではとても間に合わない。それでピリポは、「お金は役に立たない」ということを言っているんですね。

多くの人が金に頼《たよ》って何かを計画し、仕事をし、また老後の安心を求めますけれども、金というのは虚《むな》しいものです。この場合、金よりももっと大事なものはパンなんです。金は、何か物質を調達する一つの手段《しゅだん》にすぎません。私たち信仰を志す者は、この迷いから目覚めなければいけないですね。金に頼って何かをしようと思っても、誰《だれ》が使うか、使う人間によって、金は増えもし減りもします。ですから、金はありがたいものですが、その値打《ねう》ちには限界があります。

五つのパンと二匹《ひき》の魚

弟子《でし》のひとり、シモン・ペテロの兄弟アンデレがイエスに言った、「ここに、大麦のパン五つと、さかな二ひきとを持っている子供《こども》がいます。しかし、こんなに大ぜいの人では、それが何になりましょう」。イエスは「人々をすわらせなさい」と言われた。その場所には草が多かった。そこにすわった男の数は五千人ほどであった。そこで、イエスはパンを取り、感謝してから、すわっている人々に分《わ》け与《あた》え、また、さかなをも同様にして、彼らの望むだけ分け与えられた。人々がじゅうぶんに食べたのち、イエスは弟子《でし》たちに言われた、「少しでもむだにならないように、パンくずのあまりを集めなさい」。そこで彼らが集めると、五つの大麦のパンを食べて残ったパンくずは、十二のかごにいっぱいになった。

（六章八〜一三節）

この子供《こども》は、たぶんイエス様を慕《した》ってやって来たのでしょう。大麦のパンというのは小麦のパンに比べてまずく、安いパンです。魚もイワシのような小さな干物《ひもの》、そんなものを差し出した。

少年は、アンデレやピリポを知っていたのでしょうか。イエス・キリストが、何やらパンのことについて心配しておられると思った時に、「どうぞ、先生にこのパンを上げてください」と言って無邪気《むじゃき》に差し出した。

5つのパンと2匹の魚のモザイク
（ガリラヤ湖畔・タブハの教会）

しかしアンデレは、「こんな大麦のまずいパンを出してどうするんだ。今さら五つのパンでは、私たち十二弟子《でし》が養われるにも足らんよ。この大勢の人は放《ほう》っておくしかない」と言わんばかりです。五つのパンではどうにもしようがない、絶望だ、放任するしかないという状況《じょうきょう》。

今の経済《けいざい》の混乱《こんらん》も同じように思います。

私は四十数年前、長崎高等商業学校で経済学を学びましたが、卒業論文《ろんぶん》を書く時に、指導してくださった先生に勧《すす》められて、当時出版されたイギリスの経済学者ケインズ*の『The End of Laissez-Faire《ジ エンド オブ レッセ フェール》　自由放任の終焉《しゅうえん》』という本を訳《やく》したことがあります。私が訳すには、ほんとうに難《むずか》しい本でした。ケインズは、一国の経済というものは、自由放任にしておっては、恐慌《きょうこう》や不景気を繰《く》り返《かえ》す。多少でも国家が統制をとるべきことを言いだした人です。

その影響《えいきょう》で、二十世紀の資本主義の自由経済は、政府が統制することによって今まで何とかもちこたえてきましたが、最近では日本でもアメリカでもいよいよ混乱《こんらん》しております。このような大変な時代の中で、問題をどう切《き》り抜《ぬ》けるか。

愛のあるところに解決あり

ここでイエスは、「さあ、皆《みな》を座《すわ》らせなさい」と言って、人々を座らせられた。そして、五つのパンと二匹の魚を祝福し、分けて配ったら、皆が満腹《まんぷく》したと書かれています。実際どうやって満腹したかは書いてありません。

信仰とは何かといいますと、私たちが天の心を心とすることです。

天の父なる神は、悪《あ》しき者にも善《よ》き者にも太陽を昇《のぼ》らせ、雨を降《ふ》らせるお方です。そのように、神は誰彼《だれかれ》かまわずに良きものを恵《めぐ》もうとしておられる。ですから、恵もう恵もうとする神のような心をもつ人がいるならば、そういう心が人々にずっと波及《はきゅう》していって、たちまちに問題は解決する。

ここでの解決の糸口は、一人の少年の心でした。

この少年は、おそらくエルサレムへの行き帰りの数日分の食糧《しょくりょう》として持っていたものを、「さあ、これをどうぞ」と言ってすべて差し出したのでしょう。それを差し出したら自分がどうなるか、大人のように分別くさいことは考えなかった。いつも奇跡《きせき》が起きる条件の一つは、無意識の愛、これです。愛は愛を呼《よ》び、心は心に感応します。

少年の捧《ささ》げ尽《つ》くす愛の心に触《ふ》れた時、皆《みな》が心を動かされて、一斉《いっせい》に「私も持っている」「私も持っている」と言って、お互《たが》いの食物を出し合ったんですね。それを皆が食べて、満腹《まんぷく》した。そして、パン屑《くず》が無駄《むだ》にならないように集めたら、十二のかごにいっぱいになった。そのように豊かな、有り余る結果となりました。

神様は、ほんとうに皆を恵《めぐ》もう恵もうとしておられる。ですから、このような愛の心がお互いの中に湧《わ》くところ、絶望はないんです。

私は今まで、大きな集会を何度もしてきました。

先年の白馬聖会には、四千人もの方たちがお集まりでした。聖会を準備する人には、大変な心配がある。しかし終わってみると、なんと皆さんが恵まれただろうか。また、何も困《こま》ることはありませんでした。

聖会では、良い宿舎もあれば、そうでない宿舎もありました。本会場から近い所もあれば、遠い所もある。早く来た人は順々に良い所に入ってしまいますから、後から来た人はずいぶん不便な所に入られたかもしれません。

けれども、ほとんどの方が感謝いっぱいで、「嬉《うれ》しい、嬉しい、ありがたい」と言っておられる。これが宗教生活です。

食事についても、他の団体なら食べなきゃ損とばかりに食べるでしょうけれど、私たちは聖会の三日間、信仰の感激《かんげき》に胸《むね》がいっぱいで飯《めし》なんか喉《のど》を通らない。食事が余って旅館の人がいぶかるほどでした。このように、私たち神に養われている者の考え方は違《ちが》うんです。お金では解決がつかない。しかし、愛のあるところ解決がつきます。

苦しい現実を過《す》ぎ越《こ》させる宗教

このヨハネ伝の記事は、ただの奇跡《きせき》の物語ではありません。

「わたしが生命《いのち》のパンである」（六章三五節）とキリストは言われる。キリストと共に歩いたならば、経済《けいざい》生活、物質生活においてもほんとうに豊かに生きることができる。こういうことを学ぶために、聖書は問題を提供《ていきょう》しております。

六章四節に、「過越《すぎこし》の祭り」という語が出てきますが、これは旧約聖書に記された出エジプトを記念する祭りです。

その昔、モーセが率いたイスラエルの民《たみ》が、シナイ半島の荒野《あらの》をさまよい、幾度《いくど》か食べ物に窮《きゅう》した時に、神様が不思議な食物であるマナを砂漠《さばく》に降《ふ》らせられた。いろいろと不思議なことが起こって、モーセとイスラエルの民は、エジプトから無事に逃《に》げ出《だ》すことができました。

モーセの千二百年後に現れたイエス・キリストは、「モーセに働いた神の霊は今も働いている。過越の祭りは、ただ昔を記憶《きおく》するための祭りではない。今も、苦しい現実生活を過ぎ越させるような宗教でなくてはならない」ということを、実際に荒野で五千人を養うことを通してお示しになった。

このことは、今の混乱《こんらん》しきった経済《けいざい》社会の中で生きる私たちには、大きなヒントになると思います。聖書が言っている信仰は、ただ宗教知識や教理を信ずることではなく、生々しく経済に挑《いど》んで試《ため》され、神と共にその問題を解決してゆくことである——そう言われるときに、どうです、聖書の読み方を変えなければならないとお思いにはなりませんか。

まず方向を定めよ

イエス・キリストがピリポを試《ため》して、「どうやってパンを食べさせようか」と問われた時に、「ご自分ではしようとすることを、よくご承知であった」（六章六節）とありますから、キリストは事の成り行きをすべて知っておられた。だがピリポは知らない。次がどうなるかを知らない者は、ただウロウロします。うろたえます。

帆《ほ》をかけた船が航海するとき、船は風が吹《ふ》く方向に必ず行くとは限りません。帆のかけ方次第《しだい》で、風向きとは違《ちが》う方向に帆走《はんそう》することができます。同様に、経済《けいざい》の風に流されるまま流されたら、あぶくを飲まされる以外にありません。しかし、「神様、私はどの方向に行けばよいんですか?」と祈って教えられれば、全く絶望の時でも問題を解決できる。

それでまず大事なことは、自分はかくありたい、こっちの方に行くんだ、と方向を示されることです。

私は高等商業学校にいた頃《ころ》から、父に「おまえはキャプテン・オブ・インダストリー（産業界の将帥《しょうすい》）を目指せ」とよく言われました。それで、実業家になろうと志しました。

卒業した後は、会社勤《づと》めを経て、自分で事業をしておりました。当時は戦争中で、日本は航空機が足りない。それで、廃機体《はいきたい》を解体し、航空機の機体の原料であるアルミニウムを取り出す工場を、朝鮮《ちょうせん》や蒙古《もうこ》などで経営しておりました。

その頃《ころ》は、日本は負《ま》け戦《いくさ》で最後のあがきをしていた時期ですから、必要方面には特別金融《きんゆう》といって、どれだけでも金を出してくれました。「日本のためにこんな仕事をしたい。こんな仕事をしたら、一生を棒《ぼう》に振《ふ》ってもいい」くらいの熱意をもっていたら、金は集まってきますよ。不思議と軍の偉《えら》い人たちが私の目の前に現れて、助けてくれたものでした。そのような熱意もないのに、金だけ貯《た》めようとしても駄目《だめ》ですね。

今はもう金もありませんが、私は三十四、五歳《さい》の頃、すでに、現在なら十数億になる金を持っていました。金というものは、入ってくる時には恐《おそ》ろしいくらい、べらぼうに入ってくるものです。

そのような経験を通して、産業経済《けいざい》というものを一応知ったつもりでしたが、やはり驕《おご》りがありました。私は、金などというものは天下の回りもので、風の吹《ふ》き回《まわ》し次第《しだい》でいくらでも入ってくると思っていました。しかし戦後は、次から次に事業を起こしても、躓《つまず》くことがあり、後にはとうとう税務署《ぜいむしょ》から家財に差《さ》し押《お》さえの赤紙を貼《は》られるようになるまで落ちぶれました。

戦後、伊勢で開かれた経済《けいざい》同友会の大会に出たことがありました。その時に、私の隣《となり》に座《すわ》ったのが松下幸之助《こうのすけ》*氏でした。彼は戦争で多くの工場を失い、莫大《ばくだい》な借金を抱《かか》えていました。私が、

「今後は、貿易でやってゆこうと思います」と申しましたら、松下氏は、

「アメリカからドッジという使節が来る。彼がどういう日本経済の再建計画をもって来るかで、今後のことを決めようと思う。それまでは動いちゃいかん」と言われる。また、

「これからの日本は、平和経済に移る。平和経済の花形は、家庭の電化にある。それで、今後は電気洗濯機《せんたくき》や冷蔵庫《れいぞうこ》などを生産してゆこうかと思っている」と言われる。私は、

「さあ、そうでしょうか」と言って、当時は信じられませんでした。だが今や、多くの家庭に、電気洗濯機や冷蔵庫がある時代になりました。

彼はまず、次の時代はどうなるだろうかと経済の行く末をじっと見つめ、それに応じて動こうとした。さすがです。私のような、ちょっとばかりの成金は駄目《だめ》ですね。

熱意があるほどに祝される

それで、皆《みな》さんが大金持ちになって実業界にでも活躍《かつやく》しようと思われるならば、われ何をなすべきか、どっちの方向に行くべきか、をまず問うてみることです。

そして、先ほども言いましたように、人生は熱意です。心の力は偉大《いだい》です。希望する力は偉大です。希望するごとくになります。あることをやり上げようと願って、人間の心が燃えに燃え、熱意をもちだしたら、物質なんかワーッと集まってきますね。不徹底《ふてってい》な気持ちがいちばん良くありません。六章一一節に、

「そこで、イエスはパンを取り、感謝してから、すわっている人々に分《わ》け与《あた》え、また、さかなをも同様にして、彼らの望むだけ分け与えられた」とあります。「望むだけ」とあるのは、「οσον《オソン》 ηθελον《エーセロン》 欲《ほっ》するところに従《したが》って」というギリシア語です。小さな欲《よく》の者には少なく、大きな欲をもっている者にはたくさん与えたということです。

「欲するままに与えられる」――これが宗教生活なんです。聖書が言う宗教は、こういうことです。神は与えてやまないお方です。問題は、人間がどのくらい熱く欲するか、信

じるかということです。また、自分の方向を決めているか、ということです。「神様が恵《めぐ》むなら、金持ちになろう。恵まれないなら、ならなくてもよい」――そういう人は金持ちにはなれません。宗教は心の世界を問うものですから、「これをやりたいんだ！」と心が熱く燃えさえすれば、思うように実現してゆきます。これは、特に経営をする立場の人や、管理職の人には必要な心がけです。

私たちの毎日の生活は試みです。この試みに対して、「打ち勝つ」というのではありません。試みられる時に、「神様、私はどうすべきですか？」と問うべきです。祈って方向が与《あた》えられると、違《ちが》ってきます。

イエスの弟子《でし》たちは、二百デナリとか五つのパンとかに引っかかって、生きたキリストと共に歩くこと、キリストが臨在《りんざい》なさるときに何かが起きることを知っていませんでした。キリストの霊が現実の生活に働かれるときに、毎日が奇跡《きせき》ならざるはないんです。

愛される人となれ

ここでもう一つ大事なことは、イエス・キリストの周りには、「イエス様はなんとお慕《した》わしい方だろう」と思って、子供《こども》でありながらも「イエス様、私はいりません。どうぞ、このパンと魚をお上がりください」と言って捧《ささ》げるような人たちがいた、ということです。すなわち、イエス様のように愛される人間にならなければ駄目《だめ》だということです。

「あの人には資本を投下したくてしかたがない」と思われるくらいの人間になると、金がどれだけでも寄ってきますね。愛される人間でないと、実業でも成功しません。

聖書を読んで、「イエス様はこんなになさったのか」と思ったら、真似《まね》たらいいんです。人を見てうらやましがり、自分は駄目だ、自分はつまらないと嘆《なげ》くよりも、恵《めぐ》まれている人を真似たらいいんです。

天の心を真似てごらん。天はすべてを恵もうとします。だから主イエスは言われた、「受けるよりは与《あた》える方が、さいわいである」(使徒行伝二〇章三五節)と。

神の心は、与えて与えてやまない心です。そのような天の心を少しでも仕込《しこ》みますと、好かれますね、その人は。好かれはじめますと、運がつきます。これでもか、これでもかというくらい、良いことばかりがあります。

これは事業をする人に大事なことですが、伝道でも同じです。「おれは、ちょっと偉《えら》いんだから」と思っているような人には、人がほんとうには慕《した》ってきませんね。

ある人が「伝道がしたい」と言って、伝道を志している。

「いや、今の君では駄目《だめ》だよ」と言っても、

「私はギリシア語もできる、英語もできる、何々もできる」と言う。知識を競《きそ》うのならば、もっと偉《えら》い学者がいますよ。しかし、そのような学者に伝道はできません。大事なことは、まず「愛される人間になる」ということです。

「君のためには、どんなことでもしようと人が思いたくなるような、愛される人間になりなさい。そのためには、一人のいと小さき者をも愛することができる人間でなくして、愛されるなどということはないよ」と彼に言うんです。これが大事なことです。

自分には能力がある、といっても能力だけでは人が救われたりしません。それで、私の事務所で働く人を、私はこっぴどく叱《しか》るんです、

「君は何かができるからって、そんなのが何だ！」とやかましく言うんです。愛されずに伝道はできません。大事なことは、ほんとうに愛される人間、愛すべき男になることです。そうしたら人が放《ほう》っておきませんよ。

人間は、独り自分だけ尊《とうと》いと思って観念論《かんねんろん》で生きていても、そんな信仰では自分すら支えきれません。しかし、人々と共に歩こうとする者には、良いことが始まります。

欲《ほっ》するところから始めよ

「二百デナリで何をするか」と考えることは、いわば財政学です。財政学というのは国家財政などの研究をする学問ですが、「入《い》るを量りて出《い》ずるを制す（収入を量って支出を抑《おさ》える）」といいます。どれだけ税収《ぜいしゅう》があるかを量り、税金の多寡《たか》に従《したが》ってさまざまな政策《せいさく》を行なうために、出ずるを制す、支出を抑えてゆくわけです。

だが、キリストの財政学、また経済学《けいざいがく》というものがあるならば、それは「欲するままに与《あた》えられる」というものです。すなわち、まず自分が欲してみて、必要な経費がこれくらいいる。それだけの予算がどう与えられるか、と考えるということです。

これは普《ふ》通《つう》と逆です。「自分の収入はこれだけだから、その範囲《はんい》内で生活しよう」という考えじゃないんです。「自分はこれがしたい！」と願っているなら、思い切ってしたらいいいんです。神様が共にいたもうから、あなたを祝しなさいます！　そこに信仰が問われ

るんです。だからキリストは、

「何事でも人々からしてほしいと望むことは、人々にもそのとおりにせよ」（マタイ伝七章一二節）と言われた。これが神様のご性質です。ですから、この天の性質をこの身に現そうとすれば、神の霊がガーッと働いてきます。

二千年前に生きておられたイエス・キリストの霊は、今も私たちに働かれます。どうか、今日から思い切って生活のしかたを改めて、「神様、このことをしたら、きっとあなたはお喜びになりますね」と言って、ハラハラするようなことをやってみようじゃないですか。ただ、それも、自分の欲心《よくしん》でじゃありませんよ。神様と相談ずくでですよ。

祈ります。

天の父なる神様、あなたは愛でありたまい、私たち愛に値《あたい》しない者をも恵《めぐ》もうとしておってくださることを感謝いたします。あなたのご愛の御心《みこころ》のほどを知って、その御心を心として生きてゆきとうございます。主様、今日から少しでもあなたに似た者となり、荒野《あらの》に五千人を養いたもうた、あの不思議な経験を会得《えとく》しとうございます。

恵《めぐ》みに富みたもう神様！　幾《いく》たびも幾たびも私たちの人生で試みてくださいまして、ありがとうございます。ここらで、ほんとうにあなたに方向を合わせ、すべての経済《けいざい》を、事業を、また家庭の計画についても、あなたの御心《みこころ》に添《そ》う者としてくださるようお願いいたします。

どうぞ、栄光を現してください！　ご臨在《りんざい》の主様、あなたがいたもうからには、大丈夫《だいじょうぶ》です！　やってみます。やります！　どうか、神の子らしい歩き方を私たちにさせてくださいますよう、お願いいたします。

尊《とうと》き御名により て祈り奉《たてまつ》ります。

（一九七三年五月十三日）

＊ジョン・M・ケインズ…一八八三〜一九四六年。イギリスの経済学者。ケインズ革命《かくめい》と呼《よ》ばれる独創的《どくそうてき》な経済理論《りろん》を形成し、以後の経済学に絶大な影響《えいきょう》を与《あた》えた。

＊松下幸之助…一八九四〜一九八九年。和歌山県に生まれる。実業家。松下電気器具製作所（現パナソニック）を創業。経営の神様と呼ばれた。晩年《ばんねん》に松下政経塾《せいけいじゅく》を創立。

第二七講

捧《ささ》げ尽《つ》くす心の祝福

私たちは、この世の物質生活と精神的な信仰生活は、別のもののように思いますけれども、そうではありません。パンがなければ人間は生きてゆくことはできませんし、パンを食べることを通して、信仰を学ばしめられたのがイエス・キリストであります。そのことを前講で学びましたが、なおもう一度、同じ聖書の箇所《かしょ》からお話ししたいと思います。

より高いものを見上げて

ガリラヤ湖畔《こはん》の荒野《あらの》で、群衆《ぐんしゅう》がご自分の方に集まってくるのを見られたキリストは、弟《で》

子《し》のピリポに言われました、

「どこからパンを買ってきて、この人々に食べさせようか」と。これはピリポを試《ため》そうとして言われたのであって、ご自分ではしようとすることをよくご承知であった、とあります。（六章五、六節）

神様の側では、私たちの未来を、成り行きをすべてご存《ぞん》じですけれども、人間は毎日の生活について、どうやってこの時を生きて過ごそうかと思《おも》い悩《なや》むことがあります。そのような切実な生活問題、事業や研究の問題、家庭や対人関係などのトラブルがあります時に、大事なことは「キリストは私を試みようとしておられる」ということを悟《さと》ることです。

「ああ神様、あなたは私を見ておってくださるんですね」と思いますと、その試みを越《こ》えることができます。自分は一人でない、じっと傍《かたわ》らで見ておってくださる存在がある。病気の時でも、傍らで看病《かんびょう》してくださる人があると、「よし、何とかここで立ち上がろう」という勇気も出ます。

昔、ディアナ・ダービンという天才少女歌手が主演した、『オーケストラの少女』という音楽映画《えいが》がありました。その映画は世界的に有名になり、彼女が主演する映画が続けて作られました。その映画《えいが》の主人公は名もない小娘《こむすめ》ですが、音楽が好きで歌を歌います。皆《みな》からバカにされますが、ある時、一人の老音楽家が、彼女には未熟《みじゅく》でも音楽的天分があることを知ってくれた。この老先生が特別に心をかけて彼女を導きましたら、やがてステージに立って歌う日が来ました。

彼女が歌い終わると、もう割《わ》れるような拍手《はくしゅ》、アンコールの拍手が何度も繰《く》り返《かえ》されます。しかし、ステージに立った彼女は、ただ会場の三階にいる老音楽家、自分を育ててくれた先生だけを見上げていました。彼女は、人の拍手はどうでもよかった。耳に入らなかった。自分の先生がどう思い、先生がどう聴《き》いてくださったか。それだけが彼女の心の内にありました。それが彼女の秘密《ひみつ》でした。先生が見ていてくださる――そう思うと、困難《こんなん》な初めてのステージにも立つことができた、という物語です。

大衆《たいしゅう》受けするために歌ったり、何かをする間は人間くさい。しかし、普通《ふつう》の人間を越《こ》えた傑作《けっさく》というものは、すべてもう一つ高いものを目当てにしています。

私たちも、卑近《ひきん》な日常生活において、とてもここは通り越せそうにないなと思うような危《あぶ》ない時も、「神様、あなたはすべてをご存《ぞん》じです。私はどうやってここを過ぎ越しましようか」と天を見上げて問いつつ、祈りつつ生きますと、越《こ》えることができます。

キリストが弟子《でし》のピリポを試みるなんてけしからん、と普通《ふつう》の人は思うでしょう。しかし、人生には試みが多いです。そのような試みを通るときに、キリストがじっと自分を見ていてくださると思えば知恵《ちえ》が湧《わ》きます。勇気も出ます。人と違《ちが》った歩き方ができます。これが信仰生活です。

神に寄《よ》り頼《たの》んで生きる人生

ピリポは、キリストに試みられた時に、二百デナリのお金があっても五千人以上の者を養うことはできないと思いました。また荒野《あらの》では、お金があってもパンを手に入れることはできません。それで彼は「お金は役に立ちません」と言いました。多くの人は金に頼《たよ》って生きようとします。しかし、荒野で金よりも大事なものはパンです。金があっても役に立たない。

私は若《わか》い頃《ころ》から無教会的な信仰をもっていました。無教会の先生であった*藤井《ふじい》武《たけし》先生は、保険とか貯金など一切《いっさい》なさらなかった。私も、保険や貯金はしないというのが生涯《しょうがい》の主義です。ただ、人様に迷惑《めいわく》をかけたらいけませんから火災保険などは入りますが、自分のためにはしません。

旧約聖書の詩篇《しへん》に、

「正しい人が捨《す》てられ、あるいはその子孫が食物を請《こ》いあるくのを見たことがない」（三七篇二五節）とあって、ほんとうに神を義として、神に寄《よ》り頼《たの》んで生きる信仰者だったら、困《こま》るようなことはない、と書いてあります。私はそれを信じます。しかし、それを信じられない人たちがいます。私の先妻がそうでした。私の月給をいつの間にかへそくって貯金していましたね。また保険に入っている。それらを見つけるたびに、私は貯金や保険の通帳を破ったものでした。私は神に頼《たよ》ることがどれくらいありがたいことかを知っていますから、頼りがいのないものには頼らない。

だからここを読んで、ピリポは偉《えら》いと私は思う。彼は試みられながら、「金は役に立たない」と言った。しかし、それ以上の答えが出ておりません。もっと良い答えを出せば、ピリポは優《すぐ》れた信仰者だと思いますが、私たちはピリポから一歩進んだ信仰をもつことが大切だと思います。

奇跡《きせき》を呼《よ》ぶ愛の心

ところがパンの問題について、ペテロの兄弟アンデレが主イエスに言いました、「ここに、大麦のパン五つと、さかな二ひきとを持っている子供《こども》がいます。しかし、こんなに大ぜいの人では、それが何になりましょう」(六章九節)と。

イエス・キリストが、どうやってパンを得ようかという話をしておられるのを聞いた時に、食《た》べ盛《ざか》りの子供が自分の持っている食糧《しょくりょう》を全部差し出した、というんですね。皆《みな》が空腹《くうふく》の時に差し出した。それを差し出したら、イエス様を慕《した》って歩く荒野《あらの》の旅を続けられなくなります。その大事なパンと魚を捧《ささ》げ尽《つ》くした。

しかし大勢の群衆《ぐんしゅう》を前に、五つのパンや二匹《ひき》の魚が何になろうか、と弟子《でし》たちは思いました。ところが、主イエスは感謝してそれを受け取られた(六章一一節)。

奇跡というものは、無から有は生じません。カナの婚宴《こんえん》で水がぶどう酒に変わったように、また、預言者エリシャが幾度《いくど》も生活苦や食糧難《しょくりょうなん》に悩《なや》んでいる人たちを助けた時のように、いつも何か元になるものがあります。ここで何が元であったかというと、イエス様を慕《した》う少年の心でした。彼が差し出した少量のパンと魚でした。

少年なのに、宗教心をもつから偉《えら》いものですね。私たちの集会に座《すわ》っている若《わか》い中高生の諸君《しょくん》のような子供《こども》がいたんです。その少年は、イエス様のためなら全部捧《ささ》げます、という心をもっていました。大人が捧げるならわかります。子供が全部捧げたら、何も残りはしません。しかし子供は純真《じゅんしん》ですね、イエス・キリストに感激《かんげき》して捧げた。

この捧《ささ》げ尽《つ》くす愛の心が奇跡《きせき》を呼《よ》びました。この一少年の捧げ尽くす心をキリストは嘉《よみ》せられて、それを祝福された。そしてキリストが感謝して祈られた時に、どうでしょう、皆《みな》が食《た》べ飽《あ》いたというんです。食べ飽いただけではない、十二のかごにパン屑《くず》が溢《あふ》れました。どうしてそうなったんでしょう。

豊かさの中で飢《う》え渇《かわ》く人々

今、日本は経済的《けいざいてき》に最も進んだ国になった、といって喜んでいます。しかし、こんなに物質が溢れるように氾濫《はんらん》して豊富ですのに、人々の心は飢え渇いています。また、何を食べても、昔と違《ちが》って、ほんとうに美味《おい》しいものがなくなりました。それだけじゃない、東京砂漠《さばく》という言葉があるように、人々の心は砂漠のように冷たいです。また、荒《あ》れ果《は》てています。このような所で、何を食べても美味《おい》しくはない。心が砂漠のようだからです。

イエス様が、男だけでも五千人もの人々を養われたのは、草が多い地でした。そこに皆《みな》が座《すわ》った時に、キリストは感謝されました。

「このような少年がおります。貧しく、小遣《こづか》い銭《せん》も持っていないような子供《こども》なのに、自分の食糧《しょくりょう》を全部捧《ささ》げ尽《つ》くして、わたしのところに持ってきました」と感謝して祈られた時に、人々はどう感じたでしょうか。

砂漠のように荒れた心の中に、ほのぼのとした潤《うるお》いを感じたに違《ちが》いありません。これから過越《すぎこし》の祭りに向かってエルサレムに行くんですから、皆が自分の食べる物は持っていた。自分だけはここを生き抜《いぬ》いて、イエス様について行こうと思った。しかし、それでは宗教的利己《りこ》主義ですね。人々は、キリストの感謝される姿《すがた》にすべてを忘《わす》れて、自分の持っているものを出し合い、皆が食べた。六章一二節を読むと、

「人々がじゅうぶんに食べたのち……」とありますが、原文のギリシア語の動詞《どうし》は「満ち足りた、満喫《まんきつ》した」という意味の語です。荒野《あらの》で食べたのですから、粗末《そまつ》な食事だったで

しょう。しかし、皆《みな》が満ち足りた。

「さあ皆さん、今からお座《すわ》りなさい。さあ、皆で食べましょう。弁当がない人は手を挙げてください」とでも弟子《でし》たちが言ったのか、どうか。

背後《はいご》に立ちたもうキリスト

ベツサイダの荒野《あらの》で、五千人以上の人々が食《た》べ飽《あ》いて喜んだ。

その時に、かいがいしく弟子たちも世話をしたことでしょう。そのような人たちがいたから、皆が混乱《こんらん》せずに恵《めぐ》まれたのだ、と思われるかもしれません。しかし、それは本当の聖書の読み方、宗教の知り方ではありません。

背後に誰《だれ》が指図しておられたか。それは、イエス・キリストでした。弟子たちを動かしていたものは、キリストの御霊《みたま》でした。イエスという人間の中には、神の霊が、メシアの霊が宿っていました。メシアの霊――神の世界からたびたび現れて人間の内に宿る不思議な御霊。この御霊なるキリストが背後に立っておられた。人の尊《とうと》さを見ても、その人の内に働くキリストを見逃《みのが》すならば、聖書をほんとうに読んだとはいえません。

何もない荒野《あらの》、飢《う》え死《じ》にするような中にも、もし神が、キリストがおられるならば、決して行《ゆ》き詰《づ》まることはありません。そこに、私が保険などに入らない理由があるんです。何も皆《みな》さんが私の真似《まね》をなさることはありませんよ。しかし私は、そうやって生きてきたんです。ほんとうに「もういけない」と思うような危《あぶ》ない時もないではありませんでしたが、それにしては物質的にもしのいでくることができました。また、恵《めぐ》まれてきました。一時は、莫大《ばくだい》な富をもっていたこともある。その話は、前講でしました。最も大事な富は、キリストです。キリストを私は知っておったから、キリストは不思議に私を導きたもうたのでした。

天使に囲まれた生活

私はこの頃《ごろ》、身体《からだ》の具合が悪くて、どうも足がもつれます。それで不自由をかこっています。そんな私のために、成田満広君や奥山《おくやま》順子さんという青年、女子青年が、いつも体の凝《こ》ったところを揉《も》んでくれるんです。他《ほか》の誰《だれ》よりも、この二人から揉んでもらうと、ほんとうに回復するんですね。まあ、「すまん、すまん」とは思いますけれども。

今朝のことでした。私は、幻《まぼろし》か夢か、天国に遊んでいました。美しい女の人たちがたくさんおられました。その中に、ひときわ美しいと思う人が、天使がいました。その美しさは、ただの美しさではありませんでした。そうしたら、その天女《てんにょ》ははらはらと水晶《すいしょう》のような美しい涙《なみだ》を浮《う》かべて、両眼《りょうめ》からその涙が散るのでした。びっくりしました。

その姿《すがた》をじっと見ていましたら、それは前世の、また来世の奥山順子さんの姿でした。私は今朝、この順子さんが運転する自動車で集会に来ましたが、乗る時に両手を合わせて乗りました。私は知らなかった。このように天使たちに囲まれて、いや天使のような人たちに囲まれて生かされている。私は人を見ても、その心の奥《おく》というか、本質である前世の姿、来世の姿を見ていなかった。

哲学的《てつがくてき》に言うと、実存的《じつぞんてき》な姿をよく見ていませんでした。両眼から水晶のような大きな涙を流しながら、私を見つめる存在がある。私は心を打たれました。これは一例です。

また、私が病気だと知ると、一昨日は金賢卿《きんけんきょう》さんが来られて言われます、「先生、体を休めに草津《くさつ》の温泉《おんせん》に行きましょう」と。もったいない、と私は思いました。ここにも天使を見ました。こうして、お一人おひとりのことを挙げはじめれば、すべての人が天使に見えます。キリストの御民《おんたみ》に見えます。私は、もったいない人々に囲まれて生きているものです。もちろん姿《すがた》は女であったり、男であったり、人間ですから人間生活をしております。しかし、神に贖《あがな》われ、神の生命《いのち》の光に照らされて生きている魂の本質を見ると、ありがたくてなりません。

こんなに尊《とうと》い人たちが、私のようなろくでなしを助けて、なお神の御戦《みいくさ》をさせようとしておられると思うと、世の人がどのように原始《げんし》福音《ふくいん》を誤解《ごかい》しようとも、また何を言おうとも、「主様、私はただあなただけを見上げて生きます。ディアナ・ダービンが演じた少女のように、もっと高いものだけを見て歩きます」と心に言い聞かせております。

天使たちは、遠い所じゃない、自分の周囲にいっぱいおられる。私は朝から感動でなりませんでした。

荒野《あらの》に降《くだ》った神の霊

一人の少年が一切《いっさい》を捧《ささ》げ尽《つ》くし、後のことを思わずにキリストに従《したが》おうとした。その時に皆《みな》が満腹《まんぷく》した、といいます。そんなことがあるでしょうか。

イスラエルの民が旅したシナイ半島の荒野

旧約聖書の民数記一一章を読みましょうか。

イエス・キリストの時代から千年以上も前、出エジプトしたイスラエルの民《たみ》が荒野《あらの》を旅した時のことでした。イスラエルの人々は欲心《よくしん》を起こして、泣いて言いました、

「ああ、肉が食べたい。われわれは思い起すが、エジプトでは、ただで、魚を食べた。きゅうりも、すいかも、にらも、たまねぎも、そして、にんにくも。しかし、いま、われわれの精根は尽《つ》きた。われわれの目の前には、このマナのほか何もない」(一一章四～六節)と。

民の泣く声を聞いたモーセは神様に訴《うった》えました、

「わたしはどこから肉を獲《え》て、このすべての民に与《あた》えることができましょうか。彼らは泣いて『肉を食

べさせよ』とわたしに言っているのです。わたしひとりでは、このすべての民《たみ》を負うことができません。それはわたしには重過ぎます。もしわたしがあなたの前に恵《めぐ》みを得ますならば、わたしにこのような仕打ちをされるよりは、むしろ、ひと思いに殺し、このうえ苦しみに会わせないでください」(一一章一三～一五節)と。

すると神様は、それでは一か月の間、飽《あ》き果《は》てるまで肉を食べさせよう、と言われた。

モーセは神様に問いました、

「わたしと共におる民は徒歩の男子だけでも六十万です。その彼らに、この砂漠《さばく》で、飽き足りるまで肉を食べさせると言われるのですか」と。その言葉を聞いた神様は怒《いか》って、

「主の手は短かろうか。あなたは、いま、わたしの言葉の成るかどうかを見るであろう」

と言われた。

モーセは主に命じられるままに、民の長老たち七十名を集めて、会見の幕屋《まくや》の周囲に立たせました。すると、主は雲の内にあって降《くだ》り、モーセの上にあった霊が、七十人の長老たちにも分《わ》け与《あた》えられた。

「その霊が彼らの上にとどまった時、彼らは預言した」(一一章二五節)とあって、ペンテコ

ステ的状況《じょうきょう》となりました。そうして神の霊に満たされました時に、彼らはもう「肉を食べたい」とか不平を言わなくなった。

キリストは今も生く

人間が長い間失っていたもの、モーセの出エジプトを成就《じょうじゅ》させたところの不思議な力は何でしょう。

それは、神の霊が人間界に降《くだ》ってくるという出来事です。

神の霊がある人に乗り移りますと、不思議なことが始まるんです！

普通《ふつう》の人は、この世的な免状《めんじょう》とか能力、タレントを誇《ほこ》ったりするかもしれません。けれども、神の霊が、キリストに宿ったあの霊が降るときに、私たち一人ひとりが不思議なカリスマ的人間になる、ということです。

それだけではない、砂漠《さばく》の中にありながら、砂漠を知らないかのような、信仰的な生《しょう》涯《がい》を過ごすことができる。これが神に捧《ささ》げ切《き》って生きている人の姿《すがた》です。

モーセの昔、砂漠で見せられたことを、キリストはガリラヤの荒野《あらの》でしてごらんになった。イエス・キリストは、今はもう肉の体はありません。しかしキリストに宿り、多くの旧約の預言者たちに宿り、新約の使徒たちなどに宿ったところの神の霊は、今もなお生きています。この霊が私たちに働くならば、同様に問題を解決してゆくこととなります。ここに信仰があります。

人の力ではできない。お金の力でもできない。どれだけお金を積んでも、砂漠《さばく》で金を食べて飢《う》えをしのぐことはできない。しかし永遠のキリストは今も生きて、人類と共にあります。このキリストというか、神の力が働くときに、私たちは救われるんです。

それで使徒パウロは言いました、

「わたしは福音を恥《はじ》としない。それは、ユダヤ人をはじめ、ギリシア人にも、すべて信じる者に、救いを得させる神の力である」(ロマ書一章一六節)と。

そのような救いの力があるんです。神の霊があるんです。この霊に触《ふ》れて生きることが大切です。この霊が働く時に、もう有り余るようなパン屑《くず》が残されたんです。

一人の少年がすべてを捧《ささ》げ尽《つ》くした姿《すがた》は、多くの人々に信仰の模範《もはん》を提供《ていきょう》しました。ここに五千人が養われる奇跡《きせき》といいますか、不思議な出来事の根本があります。

このような心を身に体さない限り、あなたには同じような欠乏《けつぼう》がいつまでも続きます。どうぞ、もう一歩、私たちは信仰を踏《ふ》み出《だ》さなければならないと思います。賛美歌を歌います。

波吼《ほ》えたけり　雲霧《くもきり》立てど
行く手をさやに　示させたまえ
主よ　主よ　嵐《あらし》に悩《なや》む
この身を常に　導きたまえ

世の中で生きておりますと、ほんとうに嵐に悩みます。波が吼えたけり、雲霧立って、行く手を阻《はば》むことがしばしばです。しかし、大事なものはお金ではありません。物ではありません。パンではありません。

パン以上の存在《そんざい》、それはキリストです。キリストが私たちに臨在《りんざい》さえしてくださるならば、パンでもお金でも、何でも豊かに与《あた》えたもうものです。

「主よ、主よ、嵐に悩むこの身を常に導きたまえ」と歌いましたように、人生の嵐の中でキリストに導かれる経験を、どうか皆様《みなさま》がお積みくださるよう、私は祈っております。声を出して、皆で祈ってください！

（一九七三年五月二十日）

＊藤井武…一八八八〜一九三〇年。金沢に生まれる。内村鑑三《かんぞう》門下の一人。無教会運動・第二世代の指導的人物として、多くの感化を及《およ》ぼす。

〔第二八講　聖句　ヨハネ伝六章一四～二一節〕

14人々はイエスのなさったこのしるしを見て、「ほんとうに、この人こそ世にき
たるべき預言者である」と言った。15イエスは人々がきて、自分をとらえて王にし
ようとしていると知って、ただひとり、また山に退かれた。
16夕方になったとき、弟子《でし》たちは海べに下り、17舟《ふね》に乗って海を渡《わた》り、向こう岸
のカペナウムに行きかけた。すでに暗くなっていたのに、イエスはまだ彼らのとこ
ろにおいでにならなかった。18その上、強い風が吹《ふ》いてきて、海は荒《あ》れ出《だ》した。
19四、五十丁こぎ出したとき、イエスが海の上を歩いて舟に近づいてこられるの
を見て、彼らは恐《おそ》れた。20すると、イエスは彼らに言われた、「わたしだ、恐れる
ことはない」。21そこで、彼らは喜んでイエスを舟に迎《むか》えようとした。すると舟は、
すぐ、彼らが行こうとしていた地に着いた。

第二八講

権力《けんりょく》の道と愛の道

ヨハネ伝六章一四～二一節

イエス・キリストを慕《した》う大勢の群衆《ぐんしゅう》が、ガリラヤ湖畔《こはん》の荒野《あらの》にまで追いかけてきた時、イエスは人々に与《あた》えるパンのことを心配されました。すると、一人の少年が五つのパンと二匹《ひき》の魚を持ってきた。イエス様が困《こま》っておられるならば、と自分の持っている食糧《しょくりょう》をすべて差し出したのです。

この少年の愛の心を見て、大人たちもじっとしておられず、次々と持っている食糧を差し出したら、皆《みな》が満腹《まんぷく》してなお余るほどになりました。少年の心が、人々の中から愛を引き出し、愛は愛を呼《よ》びました。愛ほど奇跡《きせき》を起こすものはありません。本当の愛は、不思議な奇跡を起こす力をもっております。

パンの奇《き》跡《せき》の後に

人々はイエスのなさったこのしるしを見て、「ほんとうに、この人こそ世にきたるべき預言者である」と言った。イエスは人々がきて、自分をとらえて王にしようとしていると知って、ただひとり、また山に退かれた。　（六章一四、一五節）

ここに、「きたるべき預言者」とあるのは、かつてモーセがイスラエルの民《たみ》に、「あなたの神、主はあなたのうちから、あなたの同胞《どうほう》のうちから、わたしのようなひとりの預言者をあなたのために起されるであろう」（申命記《しんめいき》一八章一五節）と言った預言者のことです。五千人を整然と座《すわ》らせ、十分にパンを食べさせられたイエス・キリスト。その非凡《ひぼん》な権威《けんい》を見て、群衆《ぐんしゅう》はイエスに魅《み》せられ、「この人こそ世にきたるべき預言者である」と驚喜《きょうき》しました。

さらに、「人々がきて、自分をとらえて王にしようとしている」とありますが、当時のユダヤ民族はローマ帝国《ていこく》の圧政下にあり、苦しい生活をしておりました。誰《だれ》か古《いにしえ》のダビデ王やソロモン王に似た強い王様がユダヤ民族から出て、メシア（救世主）のような働きをしてくれないだろうか。それは当時の人々の願いでした。

そんな時に、多くの群衆《ぐんしゅう》がイエスにつき従《したが》う状況《じょうきょう》を見て、人々は彼を立てて王にしようとした。だが、イエスは山に逃《のが》れて姿《すがた》を隠《かく》してしまわれました。なぜ姿を隠されたのか。学者は、深く祈るために逃《に》げたのである、と推測《すいそく》します。そうかもしれません。しかし、私は必ずしもそうだとは思いません。祈るためだけに逃げたのではなくて、逃れるために逃げたんです。それは、王様になるのを嫌《きら》ったからです。

キリストの来臨《らいりん》を願うだけで

夕方になったとき、弟子《でし》たちは海べに下り、舟《ふね》に乗って海を渡《わた》り、向こう岸のカペナウムに行きかけた。すでに暗くなっていたのに、イエスはまだ彼らのところにおいでにならなかった。その上、強い風《ふ》が吹いてきて、海は荒《あ》れ出《だ》した。四、五十丁こぎ出したとき、イエスが海の上を歩いて舟に近づいてこられるのを見て、彼らは恐《おそ》れた。するとイエスは彼らに言われた、「わたしだ、恐れることはない（恐れるな）」。そこで、彼らは喜んでイエスを舟《ふね》に迎《むか》えようとした（欲《ほっ》した）。すると舟は、すぐ、彼らが行こうとしていた地に着いた。　（六章一六〜二一節）

夕方、暗くなってもイエスが姿《すがた》を現さないので、待っていた弟子《でし》たちは船出しました。やがて強い風が吹《ふ》いて海（湖）が荒《あ》れだし、沖《おき》へ流されていった。突《つ》き上《あ》げる波、覆《おお》いかぶさる波頭《なみがしら》、小舟はもみにもまれて、今にもバラバラに砕《くだ》けてしまいそうです。恐《おそ》ろしい闇《やみ》夜《よ》の大シケとなりました。もう後へも先へも進めぬどころか、小舟のことですから怒濤《どとう》に翻弄《ほんろう》されてギイギイときしみはじめます。もし舟釘《ふなくぎ》一本でも外れたら浸水《しんすい》してしまい、彼ら全員が死の海に放《ほう》り込《こ》まれる破滅寸前《はめつすんぜん》の状況《じょうきょう》となりました。

すると、イエスが海の上を歩いて舟に近づいてこられた。その姿を見て、弟子たちは恐れました。マタイ伝やマルコ伝を見ると、「幽霊《ゆうれい》だと思ったので恐れた」とあります。

ここで、「海の上を（歩いて）」（六章一九節）と訳《やく》されたギリシア語は「επι της θαλασσης《エピ テース サラッセース》」とあって、「海沿《うみぞ》いに（歩いて）」とも訳せる語です。むしろ、ここはそう訳したほうが後の話によくつながります。

嵐《あらし》の闇《やみ》の中、しかも海の上ですから、舟《ふね》が岸辺に近づいていても、どこがどこやらわからない。その時、岸辺におられる主イエスの姿《すがた》が現れて、
「わたしだ、恐《おそ》れるな！」と言われた。弟子《でし》たちはその御声《みこえ》にハッとして、
「ああ、イエス様が立っておられる。イエス様をこの舟にお乗せしたい」と思った。すると舟は、すっと岸に着いた。

この箇所《かしょ》では、「*θελω*《セロー》 欲《ほっ》する、願う」という語が使われていますから、「イエスを舟に迎《むか》えようとした」（六章二一節）では訳《やく》が不十分です。弟子たちは「舟に迎えようと欲した、願った」——それだけで、すぐに目的地に着いたというんです。ガリラヤ湖は、荒《あ》れたらなかなか舟が岸に着きません。しかし、嵐の中でもすぐに着いた。

もう、キリストのお体が舟に乗《の》り込《こ》まれる必要はなかった。

主の来臨《らいりん》を願うだけで、問題の一切《いっさい》が解決した。

これはヨハネ伝独特の書き方で、マタイ伝やマルコ伝とは違《ちが》っています。どちらが本当なのだろうかと詮索《せんさく》しても、よくわかりません。

聖書を読むときには、ヨハネ伝はヨハネ伝らしく、他の福音書《ふくいんしょ》は他の福音書らしく、そ

れぞれ私たちの信仰の益になるように読めばいいと思います。

ここを読んで教えられることは、永遠のメシアであるキリストは、天地創造《そうぞう》以来、常に臨在《りんざい》しておられるけれども、私たちはそれを忘《わす》れている。しかし、キリストを自分にお迎《むか》えしようと欲《ほっ》するだけで、願うだけで、問題が解決してしまうということです。

不信仰とは恐《おそ》れること

ところで、私たち人間はなぜ恐れるのでしょうか。

ここで、イエスの弟子《でし》たちも恐れた、とあります。他の福音書を読んでも、五千人のパンの奇跡《きせき》を見た後に弟子たちが海に出て恐れた、と書いてあります。その時、「なぜ恐れるのか。どうして信仰がないのか」と、キリストは弟子たちを叱《しか》っておられる。

すなわち、不信仰の一番の特徴《とくちょう》は、恐れ、不安があるということです。不安な気持ちをもって信仰するといっても、それは信仰でない。

恐れるということは、神を信じないことです。神の愛の保護を信じないから恐れるんです。恐れるということは信仰の反対ですから、恐れながら信仰するのでは駄目《だめ》です。

たとえば先日、ある人を東北の伝道に推薦《すいせん》しました。さて、いよいよ行かれることになりまして、私の家にやって来られた。すると奥《おく》さんが嬉《うれ》しくなさそうな顔をしています。

「行きたくないの？　どうして」と聞くと、

「怖《こわ》い。行った先で務まるかと思うと、恐《おそ》ろしいです」と言われます。

「ああ、そう。でも、神は愛だよ。神が愛ならば、怖がることないじゃないの」

「はい、それはわかっています」と言われる。けれども、頭でわかっていることと、神の愛を感じていることとは、別のことですね。


しかし、なぜ恐れるのか。「恐れ」というものは、人間が生まれながらにもっている感覚ではありません。生まれたばかりの赤ちゃんは、大人がもつような恐れは知らないといわれます。ただ、大きな音を聞いて驚《おどろ》いたり、高い所から落ちてビックリしたりすると、泣きだしたりはします。

しかし、人間は成長するに伴《ともな》って、恐怖《きょうふ》というものを感じるようになってくる。また、文明が進めば進むほど、恐怖が増えてきますね。自分が破滅《はめつ》しそうだと思うようになり、自分に何か損害や危害《きがい》が加わるのではないか、と感ずるから恐れます。

不安や恐《おそ》れが死に至《いた》らせる

インドの昔話に、次のようなものがあります。

＊

ある賢者《けんじゃ》が、疫病神《やくびょうがみ》が通りかかるのに出会った。

「あなたはどこに行くのですか」とその賢者が聞きますと、

「わしは今からこの先の町に行って、あそこの川に毒をまき散らし、人々を殺そうと思っている」と答えた。

やがて、その疫病神が帰り道にまた通りかかったので、賢者が、

「やあ、あなたはもうお帰りですか。どうなりましたか」と聞くと、

「百人殺した」と言う。

「ほう、噂《うわさ》によるとその何十倍も死んでいると聞いたが、だいぶ違《ちが》うではないですか」

「いや、わしは百人にばらまいただけだが、多くの者が『ああ、恐ろしい、恐ろしい』と言って恐怖《きょうふ》のために死んだ。それで、毒で死んだ者は百人ぐらいで、後は皆《みな》、恐怖

心のために死んだのだ」と言った。

＊

これは、実際そのとおりですね。今の世の中は、何か不安や恐《おそ》れに取り囲まれて、皆《みな》が縮《ちぢ》こまって生きております。私にでもご相談があるのは大概《たいがい》そんな話です。私が「大丈《だいじょう》夫《ぶ》ですよ」と言っても、「大丈夫と言われても、大丈夫ではないです」と答えられる。私は、何があっても大丈夫ですね。たとえば最近、私の足がだんだん浮腫《むく》んできているのを見て、いろいろな方が「病気ではありませんか」とご心配くださいます。しかし、私はちっとも気にしていません。

賛美歌に次のような歌があります。

いずれの時かは　わきまえねど
汝《な》が世の務めは　果てぬればと
貴《とうと》き御声《みこえ》の　この身にかからば
備えはなりぬと　言わせたまえ

この賛美歌にあるように、私は「神様が天にお召《め》しになる時が来たら、『備えはなりぬ』と言わせたまえ」と思っている人間ですからね、心配はしておりません。長生きするのもよし、早く死ぬのもよし。ですから、ちっとも苦になりません。心が平安です。これが宗教です。

恐《おそ》れを解決する二つの道

「恐れる」という心は誰《だれ》にでもあると思います。その心は、どうやったら克服《こくふく》できるでしょうか。

人間は、自分が恐ろしい不安な状況《じょうきょう》にあるときに、誰か強い者を立てて保護を受けようとします。そうすると安心です。恐れが解消します。人々がイエスを立てて王としようとしたのも、そのような心理からきています。

それで一つには、自分が権力《けんりょく》の保護下にあると思えば恐れが解消し、心が安らかになります。しかし、この安らかさというものは、はなはだ怪《あや》しいものです。権力は、握《にぎ》った人が自分に都合のいいようにそれを使おうとする、利己的《りこてき》なものです。ですから、権力者はいつ敵対する者になるかわかりません。

立場が上の者から「安心なさい。私は強いんだ。私は高い地位にある。私のひと言で皆《みな》が動くから」と言われたり、会社でしたら「私は社長だから、部長も課長も私の言うとおりになる」と言われれば、心強く感じるかもしれません。しかし、その社長の気が変わったら、ほんとうに惨《みじ》めな結果になります。安心というけれども、それは偽《いつわ》りの安心です。

恐《おそ》れを克服《こくふく》するもう一つの道は、愛の雰囲気《ふんいき》の中にあることです。

愛の雰囲気の中におったら、恐れません。「安心なさい。私はあなたを愛している」と言われて、愛の中にいる時に安心です。赤ん坊《あかんぼう》は、母親の懐《ふところ》で愛の保護を受けていると感じるから、スヤスヤ休んでいる。

この「愛」ということが、ヨハネ伝の今後の主題になっております。

イエス・キリストが王に祭り上げられるのを避《さ》け、また弟子《でし》たちに「恐れるな!」と言われたのも、この愛を知ってほしかったからです。

ガリラヤ湖畔《こはん》の荒野《あらの》で五千人が行《ゆ》き暮《く》れた時、皆がたらふく食べて余るぐらいに、睦《むつ》まじい愛の筵《むしろ》を敷《し》いたではないか。愛の雰囲気の中にある時には、皆が感謝して、恐れることもなかった。互《たが》いに愛しに愛し合って、乏《とぼ》しいパンを分け合ったあの喜び。もう胸《むね》がいっぱいになって、もう食べられないと思うほどに喜んだ――あの時のことを、どうしておまえたちは忘《わす》れて恐《おそ》れるのか、とキリストは憤《いきどお》られたのでした。

人々は、恐れなき愛の喜びを忘れて権力《けんりょく》を求め、イエスを王にしようとした。しかしイエス・キリストは、王様になるという権力の道を取られずに、愛の道を訴《うった》えられました。

権力を追求する心

子供《こども》は両親の愛の中で育《はぐく》まれますと、立派《りっぱ》に育ちます。しかし小さい時から母親がいなかったり、親が働きに出て家庭を顧《かえり》みなかったりする中で育った子供は、愛の憩《いこ》いを知りません。だから私は、結婚《けっこん》して子供が生まれてからは、夫婦《ふうふ》共稼《ともかせ》ぎをするということを勧《すす》めません。もし、やむをえず共稼ぎする人があったら、よほど子供を愛するということを心がけておやりになったほうがいいと思います。

私たち幕屋《まくや》の一つの特徴《とくちょう》は、聖霊の愛です。幕屋に来ると誰《だれ》もが「愛があるなあ」と感じて寛《くつろ》ぐんです。世の中には、そのような雰囲気《ふんいき》はめったにありません。幕屋では、皆《みな》が裏切《うらぎ》らない。皆が信じ合える。それは、「神が愛である、神の愛の中に憩《いこ》う」ということを知ったら、皆がそうなるんです。

しかし、愛を知らずに育った子供《こども》は、権力欲《けんりょくよく》をもつといわれます。自分を保護してくれる者がありませんから、自分で生きようとして、力を求めます。財力を求めます。また一般《いっぱん》に、恐《おそ》れを解決するために、強い者を立てて権力で保護してくれることを求めたり、自分が権力ある地位につけば安心できると思い、そのような力を求めます。

宗教においても、何かの地位とか権力を得ようとし、それが出世であるかのように思うならば、それは宗教ではありません。教会の牧師さんの中にも、小さな教会より大きな教会の牧師に、さらにその教区の長になりたいと思う人がいる。それは権力を追求する心です。そして、人を支配しようと思うんです。

それは、「あの先生は宗教的だなあ」と皆が尊敬《そんけい》するのとは違《ちが》いますね。何かの地位につこう、監督《かんとく》になろう、そうして皆を監督し、支配したいと思う。だが、そのようなことを目指しましたら宗教心は薄《うす》れてゆきます。その逆に、何ものにも頼《たよ》ることができない、何かの地位や権力《けんりょく》に頼《たよ》ることができないという状況《じょうきょう》にあるとき、宗教心は輝《かがや》いてきます。私は無教会主義者でしたから、自分には何も後《うし》ろ盾《だて》がない。なかったから、「神様、救ってください！　頼るもののない私を何とかしてください！」と神に叫《さけ》びました。叫ぶうちに、不思議な力が湧《わ》いてきました。宗教経験が伴《ともな》ってきました。もし地位や権力を願ったならば、私は自滅《じめつ》したでしょう。

権力だけを追求するということは、自分を破滅させます。実に宗教心を蝕《むしば》みます。ある地位につけば、人は「偉《えら》い、偉い」と言って、提灯持《ちょうちんも》ちをしてくれるでしょう。しかし、それは人間の中身とは関係ない。ほんとうに実力をもってある地位についている人と、そうでない人とがあります。社会でも、また宗教界でも同じです。苦しんだあげくに気がついてみたら、いつの間にか高い地位についていた、というのならばいいでしょう。それは、その人自身が自己《じこ》を完成せしめたからです。

宗教的な魂の向上とは

そんな点で、アメリカの伝道から半年ぶりに帰ってきた光永俊介《しゅんすけ》君は偉いですね。彼

は今まで大阪や名古屋などで伝道し、大きな集会を築いてきましたが、今度、帰国してきて言います、

「私は、誰《だれ》も信者のいないような所に行って、そこで開拓《かいたく》伝道をしたいです。今までの十数年間、ほんとうに神様から、また皆《みな》さんから愛されてきました。ここで自分が良い目を見てはいけない。もういっぺん出直して、開拓の地で伝道すべきだと思います。私たちが、ここで荒野《あらの》に出なければ、どうやって原始福音運動が日本に確立するでしょうか」と。それで、小さな集会が開かれている地に赴任《ふにん》してゆきました。竹下仁平《じんぺい》君も、光永君の勧《すす》めに従《したが》って、ほとんど信者がいないような地に行きました。

立派《りっぱ》だと思いませんか！　かくして彼らの宗教性は磨《みが》かれてくると思います。私は嬉《うれ》しかった。何かの力や地位に安住する気持ちがあるならば、それは宗教ではありません。神様はすべてごらんになっています、何が本当かを。

原始福音はこれからだ。こういう人たちがおる限り、健全だと思いました。

他人を支配するような地位につくことが出世であり、向上であると思うならば大間違《おおまちが》いです。それを剝《は》がされてごらん。丸腰《まるごし》になったら、人間、ほんとうに弱いものです。昨日

まではチヤホヤされていても、自分はこんなに惨《みじ》めな人間だったろうか、とあきれます。失脚《しっきゃく》すると、失意に魂まで傷《きず》つきます。

権力《けんりょく》を求める人は、自分を磨《みが》きません。

私には何も地位がありません。わけても宗教の場合はそうです。全国に私たちの幕屋運動が展開《てんかい》しております。しかし、「長」と名のつく者は誰《だれ》もいませんし、私自身、名刺《めいし》に一行でも「長」とは書いていません。誰も長はいない。いるならキリストです。永遠のメシア、これが私たちの導き手です。見えない神の霊が導いておられる。愛してくださる。それで十分です。

誰が思ったでしょうか、私たちが聖地巡礼《じゅんれい》をすると、イエス・キリストを生んだイスラエルの国の人たちが集まってきて、宗教の違《ちが》いを超《こ》えて一緒《いっしょ》に神を賛美し、兄弟のように愛を示し合えるなどということを！　私は二十五年前からずっと苦しんで伝道してきて、こんな日が来るとは思いもしませんでした（泣きながら）。地位を求め、権力を求めて、権力の亡者《もうじゃ》になっていたならば、こんなことはなかった。私はただ、傷ついた人たちの魂を慰《なぐさ》め、少しでも涙《なみだ》を拭《ぬぐ》うことができればと、それ以外は思いませんでした。

権力に憧《あこが》れる者は、権力に弱いです。自分に弱いです。弱いから権力を欲《ほ》しがるんです。

しかし私は、そんなものよりも、もっと大事な愛を欲《ほ》しいと思う。神の愛を欲しいと思う。神の愛に生きている人たちに囲まれて生きてゆきたい。また、こうして現実に皆《みな》さんと、愛し愛されて生きられるから感謝です。

今も嘆《なげ》きたもうキリスト

自分に何もない者に限って、権力《けんりょく》を求めます。今の＊新左翼《しんさよく》の連中がそれです。彼らは、この世を倒《たお》すのが先だ、などと言います。だが、学生の身分でありながらそんなことをやっていたら、自分がちっとも進歩しないし、変わりません。権力の亡者《もうじゃ》だからです。暴力で今の社会を倒して、自分たちでやろうとする。そういう幻想《げんそう》を抱《いだ》いているんですね。

権力はいたずらな幻想です。中には、ほんとうに人格高貴《こうき》な実力ある人、ダビデが預言者サムエルに祝福されてカリスマ的な力を得、皆に押《お》し上《あ》げられて権力の座《ざ》につくような場合もあります。けれども現代は、自分で権力を求めて、ゲリラ戦で社会を引《ひ》っ繰《く》り返《かえ》そうというような思想がいよいよ盛《さか》んな時です。

しかし、イエスは王様となる道を取りませんでした。愛の道だけを選び取りました。

なぜヨハネ伝でもマタイ伝、マルコ伝でも、五千人が荒野《あらの》で愛の饗宴《きょうえん》を繰《く》り広《ひろ》げたすぐ後に、「恐《おそ》れるな、不信仰なのは何ゆえか」という問題が続くのか。

ほんとうに恐れを克服《こくふく》する道は、権力《けんりょく》を求めることではなく、愛の雰囲気《ふんいき》の中にあることだからです。「安心なさい。恐れるな」と言われなくても、愛の雰囲気の中にいたら恐れません、不安がありません。夫を信じ、妻を信じることができます。家に帰れば温かい家庭がある。また、温かい愛の幕屋がある。そこで社会で傷《きず》ついた心も癒《い》やしてもらえます。そして、いつの間にか健全な魂になります。

私は、そのような兄弟姉妹《しまい》たちに囲まれておりますから、幸福でたまりません。

先日、今度新しくなる家の工事に来ている幕屋の教友たちと一緒《いっしょ》に食事をしながら、楽しい時を過ごしました。

その時、吹《ふ》き付《つ》け塗装《とそう》をしている岩下長治《ながはる》君が話しはじめました。

「私は終戦の年に生まれて、二十八歳《さい》になりました。私生児として生まれ、転々として人に売られ、山伏《やまぶし》の子となって学校にもロクに行けませんでした。何度かブタ箱にも入れられました。そんな自分をずっと忘《わす》れずに愛をかけてくださったのが、小学校一年生の時に触《ふ》れた永水幸子《ゆきこ》先生でした。先生の導きで、キリストの愛の世界に入れられたんです」。

そう言いつつ彼は、次の賛美歌を歌ってくれました。

花散り失《う》せては　たきぎに売られ
家貧しければ　人に捨《す》てらる
誰《たれ》をか頼《たの》みて　何にか頼《たよ》らん
ただ神の結ぶ　愛の友あり

彼の話を聞いて、私も、

「いやぁ、ぼくも戦時中、軍隊に睨《にら》まれて牢屋《ろうや》に入った。君と同窓生《どうそうせい》だ」と言いますと、他《ほか》の人も「実は私もそうです」などと言いだされる。

私たちの間では、そんな過去も笑って話せるんです。人は後ろ指を指すがいい、「あの人、入っていたんだって」と。けれども、入った者でないならば、神に贖《あがな》い出《だ》された生《しょう》涯《がい》の嬉《うれ》しさはわかりませんよ。私たちはこうやって「ブタ箱会」というのを結成して(笑)、互《たが》いに「よかったなあ、不思議な神様に守られて、愛されているからなあ」と、この世の権力《けんりょく》を求めない代わりに、神の愛を賛《たた》えました。
皆《みな》が王にしようと追いかけても、イエスは独りどこまでも逃《に》げられた。
神が愛であることを、荒野《あらの》で行《ゆ》き暮《く》れた中でも養いたもう方がおられるということを、
どうして忘《わす》れたのかといって、今も嘆《なげ》かれるのが、イエス・キリストのお姿《すがた》です。

（一九七三年五月二十七日）

＊新左翼…イギリスで既成《きせい》の左翼に対する失望から、一九五〇年代に起こった政治運動。日本では、一九六〇年代後半にベトナム反戦運動や大学闘争《とうそう》を繰《く》り広《ひろ》げるが、凶悪《きょうあく》な犯罪などを引き起こして大衆《たいしゅう》の支持を失う。

〔第二九講　聖句　ヨハネ伝六章二二～四〇節〕

22その翌日《よくじつ》、海の向こう岸に立っていた群衆《ぐんしゅう》は、そこに小舟《こぶね》が一そうしかなく、
またイエスは弟子《でし》たちと一緒《いっしょ》に小舟にお乗りにならず、ただ弟子たちだけが船出し
たのを見た。23しかし、数そうの小舟がテベリヤからきて、主が感謝されたのちパ
ンを人々に食べさせた場所に近づいた。24群衆は、イエスも弟子たちもそこにいな
いと知って、それらの小舟に乗り、イエスをたずねてカペナウムに行った。
25そして、海の向こう岸でイエスに出会ったので言った、「先生、いつ、ここに
おいでになったのですか」。26イエスは答えて言われた、「よくよくあなたがたに言
っておく。あなたがたがわたしを尋《たず》ねてきているのは、しるしを見たためではなく、
パンを食べて満腹《まんぷく》したからである。27朽《く》ちる食物のためではなく、永遠の命に至《いた》る
朽ちない食物のために働くがよい。これは人の子があなたがたに与《あた》えるものである。
父なる神は、人の子にそれをゆだねられたのである」。
28そこで、彼らはイエスに言った、「神のわざを行うために、わたしたちは何を

したらよいでしょうか」。29イエスは彼らに答えて言われた、「神がつかわされた者
を信じることが、神のわざである」。30彼らはイエスに言った、「わたしたちが見て
あなたを信じるために、どんなしるしを行って下さいますか。どんなことをして下
さいますか。31わたしたちの先祖は荒野《あらの》でマナを食べました。それは『天よりのパ
ンを彼らに与《あた》えて食べさせた』と書いてあるとおりです」。
32そこでイエスは彼らに言われた、「よくよく言っておく。天からのパンをあな
たがたに与えたのは、モーセではない。天からのまことのパンをあなたがたに与え
るのは、わたしの父なのである。33神のパンは、天から下ってきて、この世に命を
与えるものである」。34彼らはイエスに言った、「主よ、そのパンをいつもわたした
ちに下さい」。
35イエスは彼らに言われた、「わたしが命のパンである。わたしに来る者は決し
て飢《う》えることがなく、わたしを信じる者は決してかわくことがない。36しかし、あ
なたがたに言ったが、あなたがたはわたしを見たのに信じようとはしない。37父が
わたしに与えて下さる者は皆《みな》、わたしに来るであろう。そして、わたしに来る者を

決して拒《こば》みはしない。

38わたしが天から下ってきたのは、自分のこころのままを行うためではなく、わたしをつかわされたかたのみこころを行うためである。39わたしをつかわされたかたのみこころは、わたしに与《あた》えて下さった者を、わたしがひとりも失わずに、終りの日によみがえらせることである。40わたしの父のみこころは、子を見て信じる者が、ことごとく永遠の命を得ることなのである。そして、わたしはその人々を終りの日によみがえらせるであろう」。

第二九講

イエスに封印《ふういん》された生命

ヨハネ伝六章二二〜四〇節

五千人の人々が荒野《あらの》で養われた奇跡《きせき》の後、イエス・キリストは弟子《でし》たちを無理やりにガリラヤ湖の彼方《かなた》へ押《お》しやるようにして行かせ、ご自分はどこかに姿《すがた》を隠《かく》されました。そのため、多くの群衆《ぐんしゅう》はイエスを求めて捜《さが》し回《まわ》り、やっと翌日《よくじつ》に見つけた時の問答が、六章二二節以降《いこう》に書かれています。

その翌日、海の向こう岸に立っていた群衆は、そこに小舟《こぶね》が一そうしかなく、またイエスは弟子たちと一緒《いっしょ》に小舟にお乗りにならず、ただ弟子たちだけが船出したのを見た。しかし、数そうの小舟がテベリヤからきて、主が感謝されたのちパンを人々に食べさせた場所に近づいた。群衆《ぐんしゅう》は、イエスも弟子《でし》たちもそこにいないと知って、それらの小舟《こぶね》に乗り、イエスをたずねてカペナウムに行った。そして、海の向こう岸でイエスに出会ったので言った、「先生、いつ、ここにおいでになったのですか」。

（六章二二〜二五節）

群衆は湖の彼方《かなた》でやっとイエスに出会ったので、「先生、いつ、ここにおいでになったのですか」（六章二五節）と尋《たず》ねました。

ここで「先生」とあるのは、ヘブライ語の「ラビ」という語が使われていて、これは宗教上の「師」という意味です。皆《みな》は舟で来たのに、イエスは飄然《ひょうぜん》としてすでに来ておられる。どういう方法で来られたのか、不思議に思ったのでしょう。

こうした人々の質問に対して、イエスはいつも、まっこうから答えられないですね。「いつ、ここにおいでになったのですか」と人々がびっくりして質問しているんですから、「自分はこうやって来たよ」と答えるのが普通《ふつう》でしょう。しかしイエスは、問いに対してほとんどそういう答え方をしておられません。

この点に私は、イエスの宗教の一つの特徴《とくちょう》を見ます。

イエスは、宗教を説明や議《ぎ》論《ろん》の事とせず、禅問答《ぜんもんどう》における賊問《ぞくもん》のように、逆に問いを発したり、質問とは全く無関係の答えを出されるのが常でした。

「何だ、わたしがどういう方法でここにやって来ようが、そんなことは問題ではない。もっと大事なことがある」ということを言おうとされた。

しるしの背後《はいご》にあるもの

イエスは答えて言われた、「よくよく（アーメン、アーメン）あなたがたに言っておく。あなたがたがわたしを尋《たず》ねてきているのは、しるしを見たためではなく、パンを食べて満腹《まんぷく》したからである」。（六章二六節）

ここに、「パンを食べて満腹したからである」とありますが、この「χορτάζομαι《コルタゾマイ》　満腹する」というギリシア語は、家畜《かちく》や動物などがたらふく食べて満足したようなときに使う語です。

ですからイエスはここで、

「まことに《アーメン》、まことに、あなたがたに言う。あなたがたがわたしを尋《たず》ね求《もと》めているのは、しるしを見たからではなく、（動物のように）パンをたらふく食べて満腹《まんぷく》したからである」（六章二六節　直訳《ちょくやく》）と言っておられる。

この「σημειον《セーメイオン》　しるし」というのは、あるものが存在《そんざい》していることを示すサインという意味です。ただ目に見ゆるものだけを見ているのでは、それは宗教ではありません。私たちは、見ゆるものの背後《はいご》にある神様の御心《みこころ》を知る者でなければなりません。

五千人が荒野《あらの》に行《ゆ》き暮《く》れた時、不思議な愛の雰囲気《ふんいき》に包まれて皆《みな》が満腹した。

彼らはパンを得た。しかし大事なことは、肉の糧《かて》が満たされたことそれ自体ではない。その出来事の背後に何が隠《かく》されているか。宗教の真理を直観的に、ハッと悟《さと》ることが大切です。

だから主イエスは、「あなたがたは、本当のしるしを見なかったのだ」と言おうとされているわけです。宗教を学ぶのに大切なことは、このように体験を通して、見える現象の背後に、しるし（サイン）を見ることです。

永遠の生命を封印《ふういん》された者

「朽《く》ちる食物のためではなく、永遠の命に至《いた》る朽ちない食物のために働くがよい。これは人の子があなたがたに与《あた》えるものである。父なる神は、人の子にそれをゆだねられたのである」。　（六章二七節）

「あなたがたは、しるしを見ていない」と言われたイエス・キリストは、ここで、「朽ちる命のためではなく、永遠の命に至る朽ちない食物のために働け！」と大事な宗教の根本を人々に諭《さと》されました。

「永遠の命に至る朽ちない食物」というのは、ギリシア語原文から訳《やく》すと、「την《テーン》 βρωσιν《ブローシン》 την《テーン》 μενουσαν《メヌーサン》 εις《エイス》 ζωην《ゾーエーン》 αιωνιον《アイオーニオン》　永遠の生命に至るまで留《とど》まる（宿る、保ちつづける）食物」となります。「働くがよい」というのは、ここでは「εργαζεσθε《エルガゼスセ》　努力して得よ」といった意味ですね。ですから、ここでイエスが言われたのは、

「あなたがたは、荒野《あらの》でパンを食べて喜んだ。しかし、滅《ほろ》びて無くなるパン、朽ちてしま

う食物のためにではなく、永遠の生命に至《いた》るまで保ちつづける糧《かて》を求めて、これを努力して得よ」ということです。

また、「父なる神は、人の子にそれ（永遠の生命）をゆだねられた」とありますが、この「ゆだねられた」と訳《やく》された「σφραγίζω《スフラギゾー》」というギリシア語は、「封印《ふういん》する」とか「証印を押《お》す」という意味です。これはもともと、小麦などの穀物《こくもつ》を計量した後に袋《ふくろ》や壺《つぼ》に詰《つ》めて、「正真正銘《しょうしんしょうめい》、この袋には何キロの穀物が入っている」という内容の証明をし、封印するといった意味の語です。

すなわち、穀物を袋詰めにして封印するように、「神はわたしの中に、永遠の生命に至るところの食物を封印しておられる。それは、多くの人々に生命の食物を与《あた》えるためだ」とキリストは言っておられるんです。

これは、なんと驚《おどろ》くべき言葉ではないでしょうか！

聖書を翻訳《ほんやく》した人々は信仰が薄弱《はくじゃく》で、「イエス・キリストの中に永遠の生命が封印されている」などと言ってもさっぱり意味がわかりませんから、「ゆだねられた」などと意訳している。日本語の聖書には、このような訳《わけ》のわからぬ意訳が至るところにあります。しかし聖書は、直訳《ちょくやく》で読めるときにいちばん正しい意味を汲み取《くと》ることができるんですね。

イエス・キリストは、永遠の生命なる聖霊をもって地上に現れた人でした。それで、「わたしには、永遠の御国《みくに》に至《いた》るまでの生命がある。何でこの尊《とうと》い生命を求めようとしないのか」と言われる。

すなわち、私たちはイエスを見て、ただイエスの教訓や活動ぶりを知ることにとどまってはならない。イエスに封印《ふういん》された、不思議な神の生命を汲むことが大切です。聖書は、この永遠の生命を嗣《つ》がせるために、私たちに与《あた》えられた書なんです。

今の日本でも、欧米《おうべい》の聖書学者でも、「イエスという人間の身体《からだ》の中に、その人格の中に、永遠の生命に至るパンを詰《つ》め込《こ》んだ」などということは、どうしても理解できませんから、聖書を直訳できないんです。したがって、当時のユダヤの民衆《みんしゅう》が、イエスの言われることを理解できなかったというのも、やむをえないと思います。

普通《ふつう》、宗教といえば、キリスト教会では神に関する教理を信ずることのように思ったり、イエスが述べた「山上の垂訓《すいくん》」やその他の教訓を信ずることを信仰だと思われているときに、イエス・キリストはそんなことは言っておられませんね。イエスは、「信仰は、永遠の生命、すなわち来世にまで続く朽《く》ちざる生命を得ることにある！」と言われる。

このイエスの主張は、東洋人である私たちには、西洋人と違《ちが》ってよほどよくわかります。仏教においても、阿弥陀仏《あみだぶつ》というのは「永遠の光」という意味の仏様ですが、「無量寿《むりょうじゅ》如来《にょらい》」ともいわれる。この「無量寿」は「永遠の生命」を表すので、「南無阿弥陀仏《なむあみだぶつ》」とは永遠の生命と南無(合一)するということです。この永遠の生命と合一するということは、高等宗教の目的です。それは、宗教を理屈《りくつ》や議論《ぎろん》の問題にして、教理を信奉《しんぽう》することが信仰だと勘違《かんちが》いしている西洋その他のキリスト教とは、はっきり違います。

神を限定してはならない

イエス・キリストはいつでも神の国を何かになぞらえて、「わたしは生命《いのち》のパンである」とか「一粒《ひとつぶ》の麦が地に落ちて死ねば、豊かに実を結ぶ」などと譬《たと》えで語られて、天の消息を示されました。譬えというものは、小さい子供《こども》、また大人、老人など、受ける側によって解釈《かいしゃく》が違います。一つの解釈にとらわれる必要がなく、自由です。神のような大きな存在《そんざい》は、何か説明してしまっては、かえって理解が不自由になるからです。

聖書の宗教の根本ともいうべきモーセの「十戒《じっかい》」(出エジプト記二〇章)には、神の言葉として次のように記されています。

「わたしはあなたの神、主であって、あなたをエジプトの地、奴隷《どれい》の家から導き出した者である。あなたはわたしのほかに、なにものをも神としてはならない。あなたは自分のために、刻《きざ》んだ像を造ってはならない」(二～四節)と。さらに、その後の七節を見ると、「あなたは、あなたの神、主の名を、みだりに唱えてはならない」とあります。

ここで、神の形を造ってはならない、神の名もみだりに呼《よ》んではならない、というのはどうしてか。

それは、人間がその形を造ったり、一つの観念として名を呼んだりするには、神はあまりにも偉大《いだい》すぎる実在だからです。偉大すぎるお方を、私たち人間の小さな頭で定義などできるものではありません。

ですから聖書は、人間が神を限定することを禁じています。主なる神は、あなたがたイスラエルの民《たみ》がエジプトで奴隷状態であった時に救い出された不思議な愛の神様である。そのことさえ知れば、あとは必要ない、というんです。それ以外は、人間のほうから決めてかかった定義にすぎません。無限大の神様を、小さく神学や教理などに閉《と》じ込《こ》めたら駄《だ》目《め》です。

偉《い》大《だい》な神を何か形あるものに人間が決定すると、それが神だと思い込んでしまいます。そして、どうしてもその観念から離《はな》れられません。ですから、おかしなキリスト教に染《そ》まっている人は、なかなか純粋《じゅんすい》な原始《げんし》福音《ふくいん》ということがわからない。それは、いろいろな先入主があるからです。

人間はすべてを知りえない

使徒パウロは次のように言いました、

「わたしたちは、今は、鏡に映《うつ》して見るようにおぼろげに見ている。しかしその時(全きものが来る時)には、顔と顔とを合わせて、見るであろう。わたしの知るところは、今は一部分にすぎない」(コリント前書一三章一二節)と。

地上にいる間は、知ることは一部にすぎず、すべてを理解することはできない。信仰にとって大切なことは、この謙虚《けんきょ》な気持ちです。この謙虚さを欠いだら、宗教はわかりません。「ああ、神の世界は人間には十分知ることができないのだ」という心が必要です。

人間、少し頭でも良いと、自分の頭脳《ずのう》に頼《たよ》ります。そして頭脳で思《おも》い込《こ》んでしまったら、そこから抜《ぬ》け出《だ》せない。私は頭が悪いから、自分の頭脳に頼れなかった。しかし、今になっては、感謝です。「神様、あなたが造りたもうた世界は、あまりに偉《い》大《だい》ですね！」と言って、私には賛美の声しか上がりません。

アイザック・ニュートン*は、万有《ばんゆう》引力の法則を発見したことで有名です。彼は、「目の前には、未発見の真理の大海原《おおうなばら》が横たわっている。私はその浜辺で、なめらかな小石やきれいな貝殻《かいがら》を見つけて夢中になっている少年のようだ」と言って、自分の科学的発見も、この広い大宇《だいう》宙《ちゅう》から見たら、全く微々《びび》たるものでしかないことを知っていました。このような謙虚《けんきょ》な心が、彼の科学的探究《たんきゅう》の根底にありました。それは、彼が深く聖書を読む真の信仰者だったからです。

現在の日本の学校では、科学万能・人間万能主義に陥《おちい》り、勉強さえすれば人間は何でも理解できるかのような教育がなされています。最近の文明の行《ゆ》き詰《づ》まりも、このような知性万能の人間中心の教育がなされている限り、当然の成り行きだといえます。

食べる宗教

イエス・キリストは、「あなたがたは、しるしを見たからではなく、パンを食べたからわたしを追い求めているのだ」と言われましたが、現今の政治、経済《けいざい》の最大関心事はこの「パンの問題」でありまして、国会の論議《ろんぎ》でもマスコミの論調でも、人間はいかにしたら食べてゆくことができるか、ということを大きく取り上げています。食品の良否《りょうひ》についても、消費者団体とか主婦連とかが大騒《おおさわ》ぎしています。

もちろん、それは大事なことですが、こういったことはすべて、やがて朽《く》ちてゆく糧《かて》の問題です。この世の食物を食べても、やがて肉体の命は朽ちてしまいます。

イエス・キリストは、

「朽ちる食物のためではなく、永遠の生命に至《いた》るまで保ちうる、朽ちない食物を努力して得よ、その生命がわたしに封印《ふういん》されているのだ」と言われました。

さらに六章三五節を読むと、

「わたしが命のパンである。わたしに来る者は決して飢《う》えることがなく、わたしを信じる

者は決してかわくことがない」と言われ、最後には、

「わたしの肉を食べよ、わたしの血を飲め」とまで訴《うった》えられました。

すると、多くのユダヤ人は互《たが》いに論《ろん》じて、

「何という野蛮《やばん》なことを言うのか。人食い人種じゃあるまいし、食べられるものか」と思った。そうしてイエスの言葉を物質的にしか理解できなかった人々は、イエスの乱暴《らんぼう》な言葉に躓《つまず》いてしまいました。

しかし、主イエスがおっしゃったのは、霊的な意味のことです。

イエスという人間の肉体上の肉塊《にくかい》を食べよとか、血液を飲めと言われたのではない。ご自分を生命《いのち》のパンに例えて、永遠の生命に至《いた》る糧《かて》を魂に吸収《きゅうしゅう》せよ、と言われたんです。

すなわち、ヨハネ伝における宗教は、霊の生命を食べる宗教である。

信ずるとは食べることだ、ということです。

すべて命ある者は、何かの糧によって養われています。養われずに生きるということは、被造物《ひぞうぶつ》にはできません。太陽の光を吸収し、空気を吸収するから、私たちは生きられる。

同様に、神の生命に養われる宗教——これこそ、イエス独特の宗教でした。

生命を養うもの

＊山口素堂《そどう》の有名な俳句《はいく》に、

目には青葉　山ほととぎす　初鰹《はつがつお》

という句があります。これは、風薫《かぜかお》る新緑の季節を詠《よ》んだものですね。わからぬ人は、ただ三つの言葉を並《なら》べただけじゃないかと思われるかもしれませんが、それぞれの言葉の前に「目には……」「耳には……」「口には……」と言葉を補《おぎな》って読むと、よくわかる優《すぐ》れた句だと思います。

目には青葉、ちょうど今の頃《ころ》です。私たちが山にでも登り、美しい自然の景観や萌《も》ゆる新緑の葉を見ると、「ああ、いい目の洗濯《せんたく》をした」と言って目の保養になります。目の感覚は、見る物によって養われる。絵描《えか》きにでもなろうと思ったら、良い美術作品をたくさん見て、それに養われなければ駄目《だめ》です。

また、耳にはほととぎすの鳴き声が聞こえる。今、私の住んでいる家は多摩川《たまがわ》に近く、ほととぎすやその他の鳥が来て鳴いています。そのさえずりは弾《はず》むように楽しく、美しく、絶え入るばかりです。実に大自然の糧《かて》に、心すがすがしくなるではありませんか。同様に、音楽家は優《すぐ》れた音楽を聴《き》くと、ああ耳が養われた、ああ嬉《うれ》しかったと言います。

そして味覚には初鰹《はつがつお》。初鰹を食べる時など、「ああ、なんと美味《おい》しいだろう」と、口を楽しませる糧にも、生きる喜びを感じることができます。

こうして、少し補《おぎな》って読みますとよくわかります。

目は青葉で、耳はほととぎすの声で、口は初鰹で養われる。そのように、人の心は何か良きものによって養われ、それを賞味することができる。食物のパンだけが、人を養うのではありません。

イエス・キリストは人々に対して、「あなたがたはパンを食べて満腹《まんぷく》するだけの口腹《こうふく》の徒で、朽《く》ちる食物で腹《はら》をいっぱいにすることしか知らない」と言われました。

物質的なパンを食べて満足するだけでなく、美を語り、芸術を語り、詩を語ることはもっと奥《おく》ゆかしく、心が養われる世界です。人間には心の糧がいる。しかし、魂の糧はもっと大切です。宗教は、朽ちない霊魂の糧によって養われる世界です。

死を超《こ》えて蘇《よみがえ》る

イエス・キリストの宗教は、実にどえらい宗教でした。

それは、永遠の生命にまで至《いた》る糧《かて》が、神様によってイエスの中に封じ込《スフラギゾー》まれているというものでした。ですから、イエスという人間を表面的に考察するだけでは駄目《だめ》であって、イエスの内に封《ふう》じ込《こ》められた不思議な神の生命を汲《く》むことが大事なんです。イエスに宿った生命を賞味するように信仰するならば、それはこの世で素晴《すば》らしいだけではない、次の世界にまで、永遠の生命に至るまで保ちつづけることができるのであります。

エペソ書を読みますと、同じ「σφραγίζω《スフラギゾー》　封印《ふういん》する」という語を使って、「あなたがたは、あがないの日のために、聖霊の証印を受けた（聖霊に封印された）のである」（四章三〇節）とあります。「あがないの日」とは、私たちはやがて全く救われる時が来る。それは天国においてか、この地上においてかは知りませんが、私たちの魂が完成される時が来ます。そのことの保証として、私たちは聖霊を賜《たまわ》っている、ということです。

イエス・キリストは、ヨハネ伝六章三九、四〇節でその内容を言っておられます。

「わたしをつかわされたかたのみこころは、わたしに与《あた》えて下さった者を、わたしがひとりも失わずに、終りの日によみがえらせることである。わたしの父のみこころは、子を見て信じる者が、ことごとく永遠の命を得ることなのである。そして、わたしはその人々を終りの日によみがえらせるであろう」。　（六章三九、四〇節）

永遠の生命を得て、私たちは次の世界でもういっぺん生かされる。

先ほどこの集会で、肥沼喬行《こえぬまたかゆき》さんが、共に幕屋《まくや》の信仰で生きた奥様《おくさま》のご召天《しょうてん》についてお語りでした。「妻は長らく意識がなかったが、最期《さいご》の瞬間《しゅんかん》にハッと目覚めると、私の方に視線《しせん》を向け、破顔一笑、見る間に輝《かがや》いた顔でそのままスーッと息を引き取った。全く素《す》晴《ば》らしい凱旋《がいせん》であった。私たちも、やがて地上を去らねばならないが、この『死』ということが生であり、生であると同時に死である。これこそ『凱旋』である」と。

私は、肥沼さんの奥様の死を悲しんでいません。幕屋の信仰に生きる私たちには、永遠の生命が封《ふう》じ込《こ》まれていますから、肉体は死んでも、やがてこれが花咲《はなさ》き、蘇《よみがえ》る時が来ることを信じているからです。

三千年後に芽生えたクルミ

先日の毎日新聞に、「縄文期《じょうもんき》のクルミ 芽をふく」と題して、三千年以上前のクルミが生きていたという記事が載《の》っていました。それは、「新潟県長岡市《ながおかし》の市立科学博物館が、縄文時代後期前半の遺跡《いせき》（約三千七百年〜三千四百年前）から出土したクルミの実を、砂の箱に埋《う》めて発芽実験をしたところ、四月末頃《ごろ》から芽が出てきた」という珍《めずら》しいニュースです。

大賀一郎博士*が、約二千年前の古代ハスの実を発芽させたのは有名です。

しかし、三千数百年も昔の樹木《じゅもく》の実が発芽したというのは、泥炭《でいたん》の中に密閉《みっぺい》され、保存《ほぞん》状態が良かったからで、硬《かた》い果皮を割《わ》ったらまだ生々しい果肉が詰《つ》まっていたという。これは、世界でも他に類を見ないケースだと話題になっています。

三千数百年ぶりに春の陽光に目覚めたクルミは、やがて幹を伸《の》ばし、花をつける時が来るでしょう。周囲のすべての命が朽《く》ちてゆくというのに、三千数百年の後に、自らの命が再び開花するとクルミは思ったでしょうか？　これは、砂箱に入れ、大事に水を注いで発芽を促《うなが》して保護を加える者がいたから、古代クルミが蘇《よみがえ》ったんですね。

同様に、私たちの硬《かた》い魂もキリストの光に照被《しょうひ》されて、今こそ目覚めたいと思います。たとえ肉の命は、この世限りで朽《く》ちてゆくように思えても、霊的な永遠の生命は私たちの心の中に留《とど》まり、ついに時が至《いた》ると芽生えて蘇《よみがえ》り、永遠のメシア(救世主)にお出会いするに至るんです。

48年(1973年)　5月3日　(木曜日)　毎日新聞

お目覚め3000年

縄文期のクルミ 芽をふく

古代クルミの発芽を報じる記事(毎日新聞社)

出土したクルミは、12個が発芽。そのうちの1本は、出土した遺跡《いせき》近くに移されて大きく成長。縄文《じょうもん》時代から蘇ったクルミとして、長岡市の天然記念物に指定されている。

蘇《そ》民《みん》将《しょう》来《らい》

多くのユダヤ人は、メシアに会いたいと願って、エルサレムの嘆《なげ》きの壁《かべ》の前で今も祈りつづけております。また、エルサレムの東側にあるオリーブ山には、たくさんのユダヤ人の墓があります。それは、東の方からメシアがやって来る時に蘇《よみがえ》って真っ先にお会いしたい、という信仰からきています。

これらの人々は、「来たるべき世にメシアが来臨《らいりん》する時、必ず新天新地が出現し、万物《ばんぶつ》は更新《こうしん》し、地上の諸族《しょぞく》はアブラハムの祝福に入るであろう」との贖《あがな》いの日を望みつつ、いち早く復生してその目に実見したいばかりに、かしこで眠《ねむ》っているんです。ここにメシア（キリスト）来臨の待望信仰があり、贖いの日の奥義《おくぎ》があります。

日本においても、朝日の出《い》ずる方から来臨する弥勒《みろく》（仏教におけるメシア）を仰《あお》ぎたいと、古来より三重県の二見浦《ふたみがうら》その他、太平洋岸の至《いた》るところで、私たちの先祖は東方を拝《おが》みつづけてきました。

また、昔から出雲《いずも》地方に伝わった信仰に、「蘇民将来」というお札を奉《ほう》じる信仰があります。それは、大陸からやって来た一人の乞食坊主《こじきぼうず》のような雲水が、一宿一飯の恩義《おんぎ》に感じて「蘇民将来《そみんしょうらい》」と書いた木の札をくれた。そして、「やがて将来、私がもう一度やって来る時に、あなたがこの木の札を見せたら、あなたは死から蘇《よみがえ》るだろう」という約束をした、というものです。今も日本の山奥《やまおく》その他に、この「蘇民将来」の札を信じる信仰が残っていますが、これもまた一種のメシア信仰です。

私たちは皆《みな》、短い地上の七十年、八十年の生涯《しょうがい》で終わりたくない。もう一度、終わりの日が来たら蘇りたい。これは全人類の希望ではないかと思います。そんなことはありえない、と言うかもしれないが、大事に育てさえすれば三千数百年前の古代のクルミでも芽を吹《ふ》いた。死んだように見えても死んではいなかった、という。

キリストは、「わたしはその人々を終りの日によみがえらせるであろう」(六章四〇節)と言われた。私は、「どうかキリストよ、たとえ肉体は死んだと見えても、ある時が来たら私を長い長い眠《ねむ》りから目覚めさせて、蘇らせてください！　あなたがこの私に封《ふう》じ込《こ》めてくださった永遠の生命、どうかこれを実証してください」と言いつづけて、この世を終わりたいと思っています。

永遠の春に目覚める時

普通《ふつう》の人は、こんな縄文期《じょうもんき》のクルミが芽を吹《ふ》いたというような新聞記事は、何げなしに読んで捨《す》てるでしょう。しかし私は、その中に封《ふう》じ込《こ》められた生命が芽吹いたのだ、と見ております。クルミが芽を吹いたことが大事ではないんです。この出来事を一つのしるしとして、その背後《はいご》にあるものを見て、「神様！　私も蘇《よみがえ》らせてください！」という祈りが湧《わ》くんです。

永遠の生命を私たちに注いでくださる神様を知りえて、この地上でも幸福でしたが、次に永遠の春に目覚める時のことを思ったら、私はもう胸《むね》がワクワクします。

永遠の生命、これは議論《ぎろん》の問題ではありません。イエス・キリストは、「永遠の生命を与《あた》えることがわたしの使命だ」と言われました。この永遠の生命があると思って、どれだけ聖書を叩《たた》いてみても、調べてみても、見ることができない。永遠の生命は、それをもっている人を見なければわかりません。

「わたしの中には、神が封印《ふういん》された不思議な生命がある。皆《みな》がこの生命で養われることをしないかなあ。これを吸収《きゅうしゅう》する霊性が、信仰が開けないかなあ」というのが、イエス様の嘆《なげ》きであり、願いでありました。

祈ります。

今もありありと生きていましたもう神様！　短いこの地上の生涯《しょうがい》において、永遠の生命ともいうべきものを、あなたは私たちに何とか注《そそ》ぎ込《こ》もうとしておられます。私たちは、聖霊を封印《ふういん》せられた数少ない民《たみ》であることを感謝いたします！

どうか、いずれの日か、もう一度大きく現《あらわ》れ出《い》でる日を待ちとうございます。それまでは、すべてのこと、ちっぽけな人間の頭で考えてもわかりません。ただ、あなたの導きたもうままにまに生きてゆきとうございます。尊《とうと》き御名《みな》によりて祈り奉《たてまつ》ります。

（一九七三年六月三日）

＊アイザック・ニュートン…一六四三～一七二七年。イギリスの物理学者、天文学者、数学者。近代科学の建設者。

＊山口素堂…一六四二〜一七一六年。江戸時代前期の俳人《はいじん》。甲州（山梨県）の人。松尾芭《ば》蕉《しょう》と親交を結び、蕉風の確立に寄与《きよ》したといわれる。
＊大賀一郎…一八八三〜一九六五年。岡山県に生まれる。植物学者。千葉県の検見《けみ》川《がわ》遺《い》跡《せき》で発見された約二千年前の古代ハスの種子から開花に成功。そのハスは「大賀ハス」と称《しょう》される。

第三〇講

文字は殺し、霊は生かす　ヨハネ伝六章三一～三七節

十六世紀初めの宗教改革者*マルティン・ルターが、非常に尊敬《そんけい》し慕《した》っておりました人に、*ヨハネス・タウラーという人がいました。タウラーは十四世紀のドイツで、深い神秘的《しんぴてき》宗教家として知られ、「神に酔《よ》えるタウラー」などと呼《よ》ばれるほど、幾度《いくど》となく睡眠中《すいみんちゅう》に神の声を聴《き》いて悟《さと》ったり、非常に深い神秘思想を述べて、多大な感化を篤信《とくしん》な人々に及《およ》ぼしたのでした。だが、初めからそうであったわけではありません。

タウラーの回心

タウラーが神の人に変わったのは、次のような出会いがあったからでした。

ある時、五十キロほど離《はな》れた田舎《いなか》から、有名な説教家であったタウラーを訪《たず》ねてきた一人の貧しい青年がおり、熱心に求道しました。しばらくして彼はタウラーに言いました、

「タウラー先生、私は最も深い、最高の信仰を求めてここに参り、三か月になりました。どうぞ、宗教の奥義《おくぎ》をお教えください。人間がこの世で到達《とうたつ》することのできる最高の完成の道を」と。

「さあ、なかなか最高の信仰の境地などというものは、そう簡単《かんたん》にわかるものではないし、またそれを語るとなると、自分もよほど多くの宗教書を読んで研究した後でないと、講話するわけにもゆくまい」

「でも、わざわざ遠くから道を求めて来たのですから」

「君のように無学な者は、理知を超《こ》えたことは理解しようにも、できまい」

「では、もう先生について学んでもしかたがないので、明日にでも郷里《きょうり》に帰ります」

「帰ったって、独身者の君ではないか。ここにゆっくり滞在《たいざい》したほうが、安楽ではなかろうか。私も研究して準備ができたら、君に最高の信仰の奥義に至《いた》る道をお話ししよう」

——こんな会話が続きました。

間もなく、師は話す準備ができたらしく、「特別講話」の会を開くとの公示が教会堂の前に発表されました。そして、二十四か条の信仰の心得が説かれました。

ところが聴講《ちょうこう》の後で、この若《わか》い平信徒はタウラーに言いました、

「先生の講話は、隣人《りんじん》に対して愛をもつべきこと、すべてを神に委《ゆだ》ねること、その他、ごもっともなお話です。先生は優《すぐ》れた教えを語ってくださいましたが、先生はその教えを生きておられません。貴重《きちょう》な教訓も、先生が話されると、せっかくの澄《す》んだ良いぶどう酒にカスを混ぜて濁《にご》らせてしまうような気がしました。先生がよりどころとしているのは、学問上の知識です。『文字（儀文《ぎぶん》）は殺し、霊は生かす』と言います。先生は文字に殺されている一種のパリサイ人です。私のような無学な貧しい者でも、先生よりもっと高い境地を知っています」と。師は驚《おどろ》いて言いました、

「私はこの年になるまで、こんなに厳《きび》しく批判《ひはん》されたことはなかった」と。

タウラーは痛《いた》いところを突《つ》かれてみて、自分はパリサイ人なのだろうかと思案しました。また若い信徒も思いとどまり、タウラーの説教を再び聴聞《ちょうもん》しました。しかし、どうしても魂の満足が得られず、ついに故郷《こきょう》に立ち去ることを決意しました。

「どうして去るんだ。私はこんなに一生懸命《いっしょうけんめい》に聖書を研究し、説いているのに、何が不足なのか？　世間の人たちが言うではないか、タウラーほど偉《えら》い宗教家はいない、と」

「はい、そう言います。しかし私としては、どうしても満足しません」

「それは、おまえが間違《まちが》っているからだ」

「そうでしょうか？　神は今日、私に『立ち去れ！』と言われました。私は聖書も十分読んでいない、無きに等しい人間ですが、ある時、聖霊のお恵《めぐ》みによって不思議な恩寵《おんちょう》に浴する経験をしました。それからというもの、嬉《うれ》しくてありがたくて、もったいなくて、たまらない心の状況《じょうきょう》にあります。私には、もうこの地上で欲《ほ》しいものはありません」

「なに？　おまえは罪深い人間であるにもかかわらず、神の御霊《みたま》を動かすことができるとでも言うのか！」

「いいえ、私は神の御霊を動かしえるなどと言っているのではありません。私のような卑《いや》しい人間にも降《くだ》りたもう神の御霊を崇《あが》めているだけです。見捨《みす》てられても当然な者にも注ぎたもう十字架《じゅうじか》の御血汐《おんちしお》を思うと、もったいなくて私は狂《くる》いだしそうです。

しかし、タウラー先生のお話は、道徳的な教訓の箇条《かじょう》を説かれるだけで、聖霊の恵みが少しも感ぜられません」

切々と訴《うった》える青年の言葉に、大博士のタウラーは翻然《ほんぜん》と悟《さと》って、自分の非を知らされました。

「ああ、今日あなたが来て語った言葉は、まことに神が私に告げたもうたものです。私の重大な欠点を、神はあなたを通して指摘《してき》されたのだ！」と言って、タウラーは卑《いや》しい青年と共にひざまずいて祈り、一変して霊的に回心しました。それからのタウラーの生涯《しょうがい》は、霊の光に輝《かがや》き、不朽《ふきゅう》の感化を後代にまで及《およ》ぼすものとなりました。

人を生かすものは霊である

私たちにとって、聖書を講義することは、必ずしも難《むずか》しいことではありません。良い本を読んで研究し、聖句を他の言葉に言《い》い替《か》えて、この意味はこうだ、と説明すればよいからです。しかし、そのように聖書の講釈《こうしゃく》や注解を知ったからとて、果たして宗教的生命が得られるものでしょうか。

「文字は人を殺し、霊は人を生かす」（コリント後書三章六節）とパウロは言いました。

どれだけ宗教書をひもといても、神学書を読み、大説教を聞いて信仰知識を積み重ねても、教理の文字を信奉《しんぽう》すればするほど、私たちの魂は殺されてゆきます。宗教が理屈《りくつ》だけの言葉になりましたら、文字は人を殺してしまう。議論《ぎろん》すればするほど死んでゆきます。私たちを生かすのは、一人の無学な青年がタウラーを回心せしめたように、神の霊が心に、魂に、身体《からだ》に、しみ通るまでに臨在《りんざい》したもうからです。

それでイエス・キリストは、このヨハネ伝の中で、

「人を生かすものは霊であって、肉はなんの役にも立たない。わたしがあなたがたに話した言葉は霊であり、また命である」（六章六三節）と言われました。

多くの殺された魂を見ます。クリスチャンというけれども、すっかり魂が死んでいる。魂が殺されたような状況《じょうきょう》におる人たちを見ます時に、それは他の人たちだけではありません、この私も同じです。だが、罪深い人間をも恵《めぐ》みたもう御霊《みたま》がある。この神の霊が、神の生命《いのち》が、私たちごとき者にも降《くだ》りたもうから生きられるのであります。

お互《たが》い、自分を見ると、何も誇《ほこ》ることのない罪深い人間です。

そんな者に大慈悲《だいじひ》をかけて、新しい天の生命を注ぎたもうキリストの恵みの御霊がある

ということは、なんと驚《おどろ》くべきことであろうか！　大事なことは、何者でもない者を用いて働きたもう不思議な神霊を賛美することです。

憐《あわ》れみたもうキリスト

先日のことでした。私の家で、幕屋《まくや》に集《つど》う中年の男子の会がありまして、私も共に集ってとても楽しいでした。その時に、A君が私のそばに来ましたので、「君のような男はなかなかいない」と言って彼を褒《ほ》めました。それは、次のようなことがあったからです。

とても結婚《けっこん》ができるような状態ではない体の弱い娘《むすめ》さんがおり、しかも彼女は遺《い》伝性《でんせい》の病気をもっておりました。箱入り娘でわがままな人でしたが、その娘さんをA君の嫁《よめ》に世話したのが私なんです。二人は結婚してもなかなかうまくゆかない。それで、ある人から「こんな結婚をさせるなんて、手島が悪い」と言われました。そのとおりです。

彼女は妊娠《にんしん》しましたが、その後、A君は家を出ていってしまいました。彼女とお腹《なか》の子《こ》供《ども》はどうなるか。それで、私の家内が彼女を呼《よ》びまして言いました、

「祈りましょう。私のような者をも恵《めぐ》みたもうた神様がある。きっとあなたも恵まれるわ。神様の霊的な恵みというものは、人間の考えと全然違《ちが》うのよ。驚《おどろ》くべき天の働きがあるから、祈りましょう」と。そうして赤ちゃんが生まれましたが、その子は少しも病気に感染《かんせん》しておらず、今もすくすくと育っています。

彼女は子供《こども》をもうけて、そして家の門には主人の名前を書いた表札を掲《かか》げて、いつ帰ってくるかわからない夫を待っていました。

それで、私はA君を呼《よ》んで言いました、

「君は、このようなことをしていいか。君は誰《だれ》かをとがめる前に、自分がいかに罪深い人間だったかを思わないか」と。彼はうなだれました。

「もう一度、彼女のところに帰りなさい」と言いますと、彼は帰りにくいところを帰ってゆきました。そして数年が経《た》ちました。その子が、来年は小学生です。

先日、彼女が幕屋の婦人集会に来ましたが、まあ、こんなに立派《りっぱ》になられただろうか、と思いました。A君は、よくも忍耐《にんたい》しながら、彼女を妻としてこんなに完成させなさったかと思って、私は彼に礼を言ったんです。

「さぞ、私を恨《うら》んだだろう。天を恨み、人を恨んだだろう。しかし、ありがとう！」

「はい、恨みました」

「けれども、君は偉《えら》い！」

「いや、私は偉くありません。手島先生は忘《わす》れています。ほんとうに偉いのはキリストです。神様です。私のような者が人を導くなんて、とてもできません。しかし、キリストが働いてくださり、お導きになったから、お互《たが》いに幸福に生きはじめたんです」

　彼がそう言うのを聞いて、驚《おどろ》きました。

「そうだ、そのとおりだ！」

　私たちは皆《みな》、破れかぶれの人間ばかりが集まっておる幕屋のグループです。誇《ほこ》りうる人はいないと思います。しかし、私たちの真ん中に立って、裏《うら》に表に導きつつある御霊《みたま》があります。それは、キリストの聖霊です。霊は目に見えませんが、躍如《やくじょ》として働いて、このような贖《あがな》いの御業《みわざ》を、とても考えることができないことをなさいます。

　私は、A君にも彼女にも感謝しました。

「間違《まちが》いは、私。しかし、それを完成したのは君たち二人だ」

「いや、キリストです」

「それは、そのとおり。しかし、そのキリストへの信仰を、よくもちつづけてくださった。誰《だれ》がもちつづけるだろうか。しかし、終わりまで耐《た》え忍《しの》ぶ者は、ほんとうに救われる。それは、キリストが生きておられるからだ」

──こんな信仰の話に花が咲《さ》くので、この世ならぬ交わりに、私は嬉《うれ》しかった。お互《たが》いに罪深い人間です。しかし、このような者に憐《あわ》れみをかけたもう恵《めぐ》みの御霊《みたま》があるということは、なんと驚《おどろ》くべきことでしょうか！

贖《あがな》いの原動力は

コロサイ書の中に、次のような言葉があります、
「あなたがたはすでに死んだものであって、あなたがたのいのちは、キリストと共に神のうちに隠《かく》されているのである。わたしたちのいのちなるキリストが現れる時には、あなたがたも、キリストと共に栄光のうちに現れるであろう」（三章三、四節）
ここに、あなたがたは死んだ者である、無であるとあります。自分を見ると、つくづく

そう思います。ほんとうに何も誇《ほこ》れることのない自分。死んだような人間である。だが、その生命《いのち》はキリストと共に隠《かく》されている。その生命が、少しばかりこの私の心から、身体《からだ》からのぞいている。それは、昔、ナザレのイエスに宿った、あの神の御霊《みたま》です。もったいないことです。

このような神の生命を与《あた》えるために、キリストは地上にやって来られた。神は、そのキリストの内に、永遠の生命を封《ふう》じ込《こ》んでくださった。それは、私たちに与えるためであった――このような、普通《ふつう》の人の知らない新しい生命が臨《のぞ》む経験。これが私たちの贖《あがな》いの原動力です。

キリストの生命が働かれるときに

「わたしたちの先祖は荒野《あらの》でマナを食べました。それは『天よりのパンを彼らに与えて食べさせた』と書いてあるとおりです」。そこでイエスは彼らに言われた、「よくよく言っておく。天からのパンをあなたがたに与えたのは、モーセではない。天からのまことのパンをあなたがたに与えるのは、わたしの父なのである。神のパンは、天から下ってきて、この世に命を与《あた》えるものである」。

（六章三一～三三節）

イエス・キリストは、荒野《あらの》で五千人を養う奇跡《きせき》を起こされました。しかし、そのことが意味する大事なことを人々は見落としました。そして言いました、

「なあに、五千人の人が養われたというのは、そりゃあえらいことだ。だがモーセは、もっと多くの民《たみ》に天のマナを、食糧《しょくりょう》を降《ふ》らせたじゃないか。それで、民は息づいて荒野の旅が続いたじゃないか」と。

確かにモーセは天よりの糧《かて》を与えて、民はひと息つくことができました。しばらくは飢《う》えをしのぐことができた。しかし、また渇《かわ》きました。朽《く》ちる糧というものは、そういうものです。あるいは、祈って病が癒《い》やされたといっても、やがて人間は誰《だれ》でも死にます。しかし、そのような不思議な経験を通して、しるしを見ることが必要です。荒野で五千人を養うような不思議な神の生命《いのち》がある。その生命をキャッチすることが大事なんです。

地上の生活の中で働く神の霊の作用によって、私たちの人生は祝福されます。暗かった運命も明るい方向に逆転します。行《ゆ》き詰《づ》まった事業でも、好転する。ほんとうに救われま

すからえらいことです。

だが、地上で体験する神の祝福がどんなに素晴《すば》らしいものであっても、天の永遠の生命の場に置かれた時に働く、驚《おどろ》くべき生命の働きとは比較《ひかく》になりません。私たちは、地上で小さな不思議な体験を積みながら、次の世界に役立てることが大切なんです。

六章三二節でキリストは、

「天からのパンをあなたがたに与《あた》えたのは、モーセではない。わたしの父なのである。神様が偉大《いだい》なのである」と言っておられます。

私は、この集会で皆《みな》さんのお話を聞いておりますと、恥《は》ずかしい気がする時があります。先ほども「手島のラジオ放送で多くの人が救われた。祝された。病が癒《い》やされた」などと言われる時に、皆が驚きます。

「手島はそんな人間なのか、えらいものだ」と思われるかもしれない。しかし私は、

「違《ちが》うよ。誤解《ごかい》しては駄目《だめ》だよ。私のような罪深い人間を通して働きたもう不思議な神の御霊《みたま》がある。私はただその御霊を賛美しておるだけです」と思っています。

大事なことは、これです。キリストに宿ったあの御生命《おんいのち》が、今も働いている。私たちを

通して働きたもう！　この生命《いのち》の流れに身を置くことが大切です。そうすると、誰《だれ》でも同じように不思議が起きます。

人間は何もできません。しかし、神に恵《めぐ》まれだしますと、神の恵みはほんとうに卑《いや》しい者を通しても現れたまいますから、精いっぱい、御名《みな》をほめ賛《たた》えざるをえません。

決して飢《う》えることのない霊の糧《かて》

彼らはイエスに言った、「主よ、そのパンをいつもわたしたちに下さい」。イエスは彼らに言われた、「わたしが命のパンである。わたしに来る者は決して飢えることがなく、わたしを信じる者は決してかわくことがない。しかし、あなたがたに言ったが、あなたがたはわたしを見たのに信じようとはしない。父がわたしに与《あた》えて下さる者は皆《みな》、わたしに来るであろう。そして、わたしに来る者を（私は）決して拒《こば》みはしない（投《な》げ捨《す》てない、放《ほう》り出《だ》さない）」。

（六章三四～三七節）

ここでキリストは、もどかしいように人々に語っておられます。永遠の生命をもつ不思議な人間であったキリストのそばに来るだけで、飢《う》えない、渇《かわ》かない世界がある。しかし、「あなたがたはわたしを見たのに信じようとはしない」と。

この世のパンをいくら食べても、一時的には満腹《まんぷく》して癒《い》やされますが、すぐに飢え渇きます。だが、永遠に飢えないものがあります。もうこれを得たら感謝、感激《かんげき》で、何もいらない、と言いたいような不思議な生命《いのち》のパンがある。霊的な糧《かて》がある。地上でこれを握《にぎ》ったんですもの、恵《めぐ》まれたんですもの、他《ほか》に何がいるでしょうか、というような驚《おどろ》くべきものがある。これが、キリストの与《あた》えたもう霊の糧、永遠の生命です。

仏教の人たちは、地上の執着《しゅうちゃく》や煩悩《ぼんのう》を離《はな》れて、もう何も欲《ほ》しくないというような境地に至《いた》ることが尊《とうと》いように言います。しかし人間は、なかなか無を悟《さと》るということは難《むずか》しいことです。悟りえる人は幸いです。

私は、そういうことはようできません、凡人《ぼんじん》ですから。ただ、あまりに驚くべき恵みというか、心にしみわたり、魂が躍《おど》り狂《くる》うような霊的な喜びがあるんです。この喜びがあるゆえに、もう何も欲しくないと思うだけです。

ですから、私たちは無になったら自在の境地に達せるのではない。なかなか無になれません。しかし、タウラー師の許《もと》にやって来た貧しい青年が、聖霊の恵《めぐ》みに大喜びしていたために、地上の何ものも欲《ほ》しくはなかった、と言った信仰の世界があります。「無即万有《むそくばんゆう》（無すなわち万有）」の境地、これキリストの恵みの福音《ふくいん》です。

この霊的体験に導くことこそ、原始福音の奥義《おくぎ》でしょう。私は、この奥義を、多くの私を取《と》り巻《ま》く幕屋の兄弟姉妹《しまい》の姿《すがた》に暗示されて、日々学んでおります。

キリストの御前《みまえ》に魂を投げ出して祈る

キリストの御側《みそば》に行くだけで、キリストが臨在《りんざい》される雰囲気《ふんいき》の中にいるだけで、精いっぱいに満たされる満たしがあります。しかしこのことは、生命《いのち》のパンをもつまでは、どうしてもわかりません。

この集会に若《わか》い人たちが集《つど》っておられますが、あなたがたがこの生命に少しでも触《ふ》れたということは、大きな幸いです。やがて、お嬢《じょう》ちゃんたちが大きくなって、人生の経験をいろいろ積むにつれて、最も大きな経験は「この東京の集会で聖書を学んだことだった」と言ってくださるならば、私は満足です。

お話はここまでです。

あとは、直《じか》にキリストの許《もと》に来ることが信じるということであって、キリストに近づかなければ救いは得られません。永遠の生命は得られない。泉《いずみ》が湧《わ》き出《で》る流れのほとりに行かなければ、渇《かわ》きが止まらないように、私たちはただ手をこまねいて、本を読んでおっても癒《い》やされることはありません。

どうか手を合わせて、キリストの御前《みまえ》にひざまずきとうございます。

キリストは霊ですから、目には見えません。しかし、地上に在《あ》りし日のイエスがいかに尊《とうと》く素晴《すば》らしいものであったかは、この福音書に書いてあるとおりです。

多くの悩《なや》む者、苦しんでいる者、罪に泣く者にも来たりたもう神霊があります。

私たちは、早く「お父様！」と言って、キリストを通して神を見上げたらいいんです。

きっと今日、あなたにキリストの霊がしみ入るように臨《のぞ》んでくださると思います。

まことに寂《さび》しい時に慰《なぐさ》められ、苦しむ時に不思議な和《やわ》らぎを覚え、乏《とぼ》しい時に豊かな富として、姿《すがた》を現す不思議な御霊《みたま》がある。キリストの御霊があるんです。私は、こういう恵《めぐ》みの生命《いのち》を知りましたから、いつでもこの地上を去ることはそう惜《お》しいとは思いません。

これは弱気ではありません。また急いで死ぬことでもありません。
大事なことは、そのような不思議な神の生命《いのち》があるならば、その生命の中に自分を投げ出すことです。そうしたら、神の生命がしみ入ってくださいます。空っぽの人間ほど、しみ入ってくださいます。（会場の人々の祈りの声が高まる）
どうぞ皆《みな》で、身体《からだ》を、心を、魂をキリストの前に投げ出して、その御血汐《おんちしお》を、御霊《みたま》を受けとうございます！　皆で祈ってください！

（一九七三年六月十七日）

＊マルティン・ルター…一四八三〜一五四六年。ドイツの宗教改革者《かいかくしゃ》。
＊ヨハネス・タウラー…一三〇〇頃《ころ》〜一三六一年。エックハルトに師事。師およびゾイゼと共に、ドイツ神秘《しんぴ》主義の代表者。マルティン・ルターを含《ふく》め、後世に大きな影響《えいきょう》を及《およ》ぼした。

〔第三一講　聖句　ヨハネ伝六章四一～四六節〕

41ユダヤ人らは、イエスが「わたしは天から下ってきたパンである」と言われた
ので、イエスについてつぶやき始めた。42そして言った、「これはヨセフの子イエ
スではないか。わたしたちはその父母を知っているではないか。わたしは天から下
ってきたと、どうして今いうのか」。
43イエスは彼らに答えて言われた、「互《たが》いにつぶやいてはいけない。44わたしを
つかわされた父が引きよせて下さらなければ、だれもわたしに来ることはできない。
わたしは、その人々を終りの日によみがえらせるであろう。45預言者の書に、『彼
らはみな神に教えられるであろう』と書いてある。父から聞いて学んだ者は、みな
わたしに来るのである。46神から出た者のほかに、だれかが父を見たのではない。
その者だけが父を見たのである」。

第三一講

愛の綱《つな》に引き寄せられて

ヨハネ伝六章四一～四六節

ユダヤ人らは、イエスが「わたしは天から下ってきたパンである」と言われたので、イエスについてつぶやき始めた。そして言った、「これはヨセフの子イエスではないか。わたしたちはその父母を知っているではないか。わたしは天から下ってきたと、どうして今いうのか」。（六章四一、四二節）

イエス・キリストは、「わたしは天から下ってきた生命《いのち》のパンである」と言われましたが、人々はその言葉に躓《つまず》いてしまいました。彼らは、イエスが大工ヨセフと妻マリヤの子であることを知っていたからです。イエスが生命のパンであるなどということは、とても

信じることができませんし、

「わたしが天から下ってきたのは、自分のこころのままを行うためではなく、わたしをつかわされたかたのみこころを行うためである。……わたしの父のみこころは、子を見て信じる者が、ことごとく永遠の命を得ることなのである」（六章三八～四〇節）とか、

「天から下ってきたパンを食べる人は、決して死ぬことはない」（六章五〇節）などと言われると、人々はますますわからなくなりました。

「まさか、あれはナザレのヨセフの子じゃないか。人間を食ったら人食い人種になるじゃないか。バカバカしい。そんな宗教があるものか」とばかりに、皆《みな》がつぶやいた。

宗教の大問題

しかしながら、六章の後のほうを読むと、イエス・キリストは決して妥協《だきょう》なさらない。五一節以降《いこう》には、次のように記されております。

「わたしは天から下ってきた生きたパンである。それを食べる者は、いつまでも生き

るであろう。わたしが与《あた》えるパンは、世の命のために与えるわたしの肉である」。

そこで、ユダヤ人らが互《たが》いに論《ろん》じて言った、「この人はどうして、自分の肉をわたしたちに与えて食べさせることができようか」。

イエスは彼らに言われた、「よくよく言っておく。人の子の肉を食べず、また、その血を飲まなければ、あなたがたの内に命はない。わたしの肉を食べ、わたしの血を飲む者には、永遠の命があり、わたしはその人を終りの日によみがえらせるであろう。

わたしの肉はまことの食物、わたしの血はまことの飲み物である」。


（六章五一～五五節）


キリストは、「信じるということは、わたしの肉を食べ、血を飲むことだ」と言われる。ここに、一般《いっぱん》の信仰と、ヨハネが伝えております信仰との違《ちが》いがあることがわかります。「食べる」ということは、自分の内に吸収《きゅうしゅう》して体の養いとすることですね。

そのように、永遠の生命に至《いた》るだけの魂を養うためには、「わたしを食べて味わってくれなければ、決してわかるものか！」と言われて、イエスは決して人々の声にお負けになりません。

これは、イエスが真理を愛しておられるからです。真理の人だったからです。

イエスは、なまじいなことで「ああ、あなたがわからないなら、しかたがない」とは言われない。どこどこまでも、本気で弟子《でし》たちと話をつけようとされる。そのために、せっかく弟子になった多くの者たちが躓《つまず》き、去っていってしまいました。

イエス・キリストは、ここで何度も「わたしは生命《いのち》のパンである。わたしを食べる者は永遠の生命をもつ。死んでも死なないような不思議な生命をもつのだ」と言われる。

この「永遠の生命をもつ」ということが、私たちの大問題です。

イエスは、この永遠の生命の問題について、決して妥協《だきょう》なさらなかった。

どんなにしてでも、永遠の生命を得てもらわなければならないと思っておられた。ここに、イエス・キリストの使命感があります。

仏教でいちばん大事なお経《きょう》は、法華経《ほけきょう》だといわれます。日本で最初にこのお経を講義したのは聖徳太子《しょうとくたいし》です。また、法華経を最も愛したのは日蓮上人《にちれんしょうにん》です。

この法華経の中心題目は無量寿《むりょうじゅ》（永遠の生命）にあります。すなわち、永遠の生命とは何であるかということを説いたものです。法華経に養われてきた日本人にとって、イエスが「わたしは永遠の生命を与《あた》えるために天から来たのだ」と言われることは、信じやすいことではないかと思います。

天来の光に生かされて

イエス・キリストは、「わたしは天から降《くだ》ってきた」と言われましたが、偉大《いだい》な事業を成す者は、天から降ってくる助けを受けて生きるものです。天からの力が人を救うんです。人間の力では、どんなに優《すぐ》れた人でも大したことはできません。ここに宗教の問題があります。

このことは、日本で最も古い書物の一つである『日本書紀』を読んでみてもよくわかります。

初代の天皇《てんのう》となられた神日本磐余彦尊《かむやまといわれびこのみこと》(神武《じんむ》天皇)は、九州から大和《やまと》に攻《せ》め入《い》られた時に、負《ま》け戦《いくさ》を何度もしました。たとえば、難波《なにわ》から生駒山《いこまやま》を越《こ》えて国の内部に入ろうとされた時には、孔《く》舎《さ》衛坂《えのさか》の激戦《げきせん》で兄君の五瀬命《いつせのみこと》に流れ矢が当たって戦傷《せんしょう》を負われ、それ以上の進軍は不可能となりました。その時に、神武天皇《てんのう》はご自身の戦い方に間違《まちが》いがあることに気づかれた。すると、敵将《てきしょう》の長髄彦《ながすねひこ》が生駒山の上から狙《ねら》っているのにもかかわらず、「私は日の神の子孫でありながら、日に向かって仇《あだ》を討《う》っている。これは天の道に逆らうことであった。ここはひとまず退却《たいきゃく》し、敵に弱いところを示してでも、天神地祇《あまつかみくにつかみ》を祭り、日の神の神威《しんい》を背《せ》に受けて戦おう。そうすれば、刃《やいば》に血塗《ちぬ》らずして敵は敗退してしまうだろう」と言われて退却します。

退却するということは、弱さを示すことです。そして、草香津《くさかのつ》という所まで退かれると、盾《たて》を地に捨《す》てて天に向かって雄《お》叫《たけ》びして祈られました。その場所は、今も大阪郊外《こうがい》に盾津《たてつ》という名前で残っております。

それにしても、敵前で身を守る盾を捨てて祈るなどということは、危《あぶ》なくて祈れるものではありません。しかし神武天皇は、神に祈ることのほうがもっと大事であるということを知っておられた。神には、人間以上の強い力があるからです。

こうして祈りに祈りつつ、天に導かれて、ついに大和の地に入ることができました。

神武天皇は、大和の橿原《かしはら》でご即位《そくい》なさいましたが、その三年後のこと、詔《みことのり》して次のよ

うに言われました、

「わが皇祖《みおや》の霊《みたま》が天《あめ》より降《くだ》りごらんになって、わが身を光《てら》して助けてくださった」と。

ここで神武天皇《てんのう》は、ご自分で勝ったとは思っておられない。天から助ける光があったから国を建てることができた、と言っておられる。思い上がったお気持ちがありません。負《ま》け戦《いくさ》の中でご自分の弱さを自覚し、武器を捨《す》てて祈られた神武天皇。それも「雄叫《おたけ》びした」とありますから、雄々しく猛々《たけだけ》しく祈られたんです。もう負けるか勝つかの瀬戸際《せとぎわ》になったら、雄叫びして祈る祈り、これは日本人が昔から知っていた祈りです。

私たちの幕屋《まくや》の祈りは激《はげ》しくてやかましい、などと批判《ひはん》する人たちがいます。

もちろん、静かな祈りは良いものです。私は林の中に寂聴庵《じゃくちょうあん》とか瞑想庵《めいそうあん》などを建てて、静かに祈ることを勧《すす》めます。しかし、時には火がついたように祈らざるをえない場合があるんです。

神武天皇は、窮地《きゅうち》に陥《おちい》られた時に、雄叫びして祈られた。その時に、天から神の霊が降ってご自分を光り照らして助けてくださった。それによって勝利された。こうして、己《おのれ》の力ではない、天来の力によって日本肇国《ちょうこく》の基《もとい》は据《す》えられたのでした。

口《く》読《どく》・心《しん》読《どく》・身《しん》読《どく》

イエス・キリストが、「わたしは天から降《くだ》ってきた生命《いのち》のパンである」と言われても、人々は信じなかった、とあります。どうしてでしょうか。これは聖書を読んでも同様で、多くの人は聖書の言葉がなかなか信じられない。

経典《きょうてん》を読むのについて、日蓮*上人《しょうにん》が次のようなことを言っています。読み方には三つある。一つは口読（声を出して口で読む）、もう一つは心読（心で読む）、さらに身読（体験として読む）がある、と。

これは聖書でも同じだと思います。聖書は、もともと黙読《もくどく》するものではありませんでした。声を出して読んだものです。イスラム教の経典であるコーランなどでも、イスラム教徒は今でも大きい声で読んでいます。声を出して読むと、意味がよく通じるんですね。

しかし、どれだけ口で読んでも、目で読んでも、それはほんとうに読んだことにはならない。心の奥底《おくそこ》で感動して読まなければ駄目《だめ》でして、心読すると意味が理解でき、それを信じることができます。

さらに、身読しなければならない。心で読むだけでは十分でない。体で読む、実行しなければならない。体験して読んだものでないと駄目《だめ》だ、ということです。

現今のように、たくさんの宗教書が氾濫《はんらん》する時代に、すべての書を読むということはできるものでありません。また、何が本当なのか嘘《うそ》なのか鑑別《かんべつ》できる人間でないと、間違《まちが》った本を読んだらおかしくなってしまいます。それで、万巻《まんがん》の書を読んだからといって救われるものではない。むしろ多くの人は、一句によって救われている。

たとえばマルティン・ルターは、「信仰による義人は生きる」(ロマ書一章一七節)という一句で悟《さと》りを得ました。「そうだ！　救いは教会によらない、信仰によって救われるのだ」といって、宗教改革《かいかく》のために立ち上がった。わずか一句でも救われるんです。これは、なぜでしょう。

ただ多くの本を読んだり、口で経典《きょうてん》を唱えても駄目なのであって、ほんとうに心にしみるように読むことがなければ、わからない。読むだけじゃない、その真理のためには身を張って生きてゆく。殺されてもこの真理のために生きる、というような読み方になったら魂は光ってきますね。

見抜《みぬ》く心を養え

イエスは彼らに答えて言われた、「互《たが》いにつぶやいてはいけない」。（六章四三節）

忙《せわ》しげな心で生きておりますと、道を歩きながらでもいろいろ見過ごすことがあります。ところが帰り道にふっと見ると、「まあ、こんなに美しい花が咲《さ》いていたのに気がつかなかった」と言ってビックリすることがあります。

よく見れば　なづな花咲く　垣根《かきね》かな　（芭蕉《ばしょう》）

今まで何度も見ていたのに、心に留まらなかった。よく見ると、小さな薺《なずな》の可憐《かれん》な花が、垣根で美しく咲いている。今までは、その美しさが目に留まらなかった、という。同様に聖書というものは、ちょっと読みましても役に立ちません。心もそぞろに読んでも駄目《だめ》です。文字の中に秘《ひ》められている生命《いのち》を汲《く》もうとする気がないなら、どれだけ読んだって虚《むな》しいことです。

ですからイエス様はここで、「互《たが》いにつぶやくな」(六章四三節)と言われて、ご自分の内に秘《ひ》められた不思議な生命《いのち》を見抜《みぬ》くことができない人たちのために嘆《なげ》きたまいました。

「あなたがたはわたしを見たのに信じようとはしない」(六章三六節)

ユダヤ人たちは、イエス・キリストに出会いながらも、最も尊《とうと》いものを見ることができなかった。それは、表面づらしか見ないからです。そして、互いにつぶやいた。

議論《ぎろん》し合うことによって信仰が得られると思うかもしれませんが、信仰は議論すればするほどわからなくなります。頭で考えることよりも、見抜く心を養わなければ駄目《だめ》ですね。見ることと信じることとは、別のことのように思われるかもしれません。しかし、ほんとうに見ることができる人は、信じますよ。

ですからここでキリストは、「互いにつぶやく」ということを、ずいぶんとがめております。これは宗教だけではありません。何事でも、ほんとうに厳《きび》しく求めてゆかねば、信仰にしろ、何にしろ、わからないと思います。私たちは、いたずらにつぶやくべきではありません。

憐《あわ》れみの綱《つな》で導きたもう神

「わたしをつかわされた父が引きよせて下さらなければ、だれもわたしに来ることはできない。わたしは、その人々を終りの日によみがえらせるであろう」。（六章四四節）

ここで、「引きよせて」と訳《やく》された「ελκω《エルコー》」というギリシア語は、「（綱をつけて）引きずり寄せる」とでも訳すべき語です。使徒行伝に「パウロを捕《とら》え、宮の外に引きずり出した」（二一章三〇節）とあるように、来ようとせずに抵抗《ていこう》している囚人《しゅうじん》を、無理やりに綱をかけて引っ張ってゆくようすをいいます。

すなわち、私たちは自分の信心で、自発的な意思で信仰をしはじめたと思い、誇《ほこ》るならば大間違《おおまちが》いです。「我は天地の造り主なる神を信ず……」と教会の信者が唱えるように、「使徒信経」を告白すれば私たちの魂が救われるなどというものではありません。信仰は、もっと体験的なことです。

「父が引きよせて下さらなければ、だれもわたしに来ることはできない」とあるように、神様が「永遠の生命を得るために我に来たれ!」と、神の許《もと》に来ようとしない人たちに愛の綱《つな》をつけてでも引き寄せてくださるから救われるんです。だからこそ、信ぜざるをえない境地に入れられるんです。

旧約聖書のホセア書に、

「わたしはあわれみの綱、すなわち愛のひもで彼らを導いた」(一一章四節)とあるとおりです。私は、この集会に集《つど》っておられるお一人おひとりを見ると、「ああ、この人もそうだった、あの人もそうだった」と思うんです。

私たちは不承不承だったのに、神に促《うなが》され、導かれ、神の愛に引きずられて、驚《おどろ》くべき生命に入れられました。神の御霊《みたま》が、私たち一人ひとりを直々に引《ひ》きずり込《こ》むように導きだす信仰でなければ、本物ではありません。

それは、私たちお互《たが》いの贖《あがな》われた経験ではなかったでしょうか!

どうぞ皆《みな》さん、神の不思議な愛の綱に引き寄せられたという証《あか》しをなさってください。

(この声に応じて、会場から多くの教友たちが次々と立って、涙《なみだ》にむせびつつキリストの贖いを感謝される)

霊読ということ

「預言者の書に、『彼らはみな神に教えられるであろう』と書いてある。父から聞いて学んだ者は、みなわたしに来るのである。神から出た者のほかに、だれかが父を見たのではない。その者だけが父を見たのである」。

（六章四五、四六節）

信仰は、神ご自身に聴《き》くことであります。教会の牧師さんや神父さんを通さなければわからないとか、学べないとかいうものではありません。ここでイエス・キリストは、「預言者の書に、『彼らはみな神に教えられるであろう』と書いてある」と言われました。実際に、預言者エレミヤやエゼキエルの書を開いてみると、次のような聖句があります。

「わたしがイスラエルの家に立てる契約《けいやく》はこれである。すなわちわたしは、わたしの律法《りっぽう》を彼らのうちに置き、その心にしるす。わたしは彼らの神となり、彼らはわたしの民《たみ》となると主は言われる。人はもはや、おのおのその隣《となり》とその兄弟に教えて、『あなたは主を知りなさい』とは言わない。それは、彼らが小より大に至《いた》るまで皆《みな》、わたしを知るようになるからであると主は言われる」。

（エレミヤ書三一章三三、三四節）

「わたしは新しい心をあなたがたに与《あた》え、新しい霊をあなたがたの内に授《さず》け、あなたがたの肉から、石の心を除《のぞ》いて、肉の心を与える。わたしはまたわが霊をあなたがたのうちに置いて、わが定めに歩ませ、わがおきてを守ってこれを行わせる」。

（エゼキエル書三六章二六、二七節）

すなわち、一人ひとりが神に教えられるようになるのは、神の霊が与えられるからです。聖霊が与えられる時に、すべての者は神の御声《みこえ》を聴《き》く者となります。そうして、神の御霊《みたま》が一人ひとりを導き出すような信仰にならないと、本物ではありません。

それは、キリストがここでお説きになったとおりです。

神に促《うなが》され、神に導かれ、神に引きずられて、私たちは信仰がわかるんですね。ですから、信仰は神の賜物《たまもの》なんです。恵《めぐ》みです。「自分で考え研究した結果、信じることにした」などという信仰は、神に対してまことにおこがましいものでしてね、私たちの信仰と違《ちが》います。キリストご自身が説きたもうた原始《げんし》福音《ふくいん》とは違います。私たちは、神様に引きずられるようにして導かれ、教えられる毎日を生かされている。ありがたいことだと思います。

賛美歌を歌います。

牧主《かいぬし》わが主よ　迷うわれらを
若草《わかくさ》の野辺に　導きたまえ
われらを守りて　養いたまえ
われらは主のもの　主に贖《あがな》わる

祈ります。

先ほど、経典《きょうてん》の読み方には「口読《くどく》、心読、身読」ということがある、と学びました。しかし、キリストはここで、もう一つ大事なことをお教えになっています。「すべての者は神に教えられるであろう」と。それは神の御声《みこえ》を読むことです。神ご自身が、直《じか》に私たちのハートに、魂に読み聞かせ、霊読せしめられることです。これが大事です。これが他の宗教と違《ちが》うところです。

神ご自身の霊が生きて、直《じか》に私たちに語りかけ、教えたもう。

どうぞ、心をひそめて祈り、神に聴《き》きとうございます。


（一九七三年六月二十四日）

＊日蓮の言葉…日蓮が佐渡《さど》に流された折に書いた『土籠御書《つちろうごしょ》』の中に次のように記されている。
「法華経を余人の読み候《そうろう》は、口ばかり言葉ばかりは読めども心は読まず。心は読めども身に読まず。色心二法《しきしんにほう》、共にあそばされたるこそ貴《とうと》く候へ」。

第三二講

コレスポンドする心

ヨハネ伝六章四七～五三節

イエス・キリストは、荒野《あらの》で五千人の人々を養う奇跡《きせき》を行なわれました。ヨハネ伝は、その霊的な意義について、何度も同じことを繰《く》り返《かえ》し言いながら深く掘《ほ》り下《さ》げて教えております。

その中で、イエスが「わたしは天から降《くだ》ってきた生命《いのち》のパンである」と言われたことについて議論《ぎろん》が起きた、とあります。イエスは、ユダヤ人たちに答えて言われました。

「よくよくあなたがたに言っておく。信じる者には永遠の命がある（もつ）。わたしは命のパンである。あなたがたの先祖は荒野でマナを食べたが、死んでしまった。しかし、天から下ってきたパンを食べる人は、決して死ぬことはない。わたしは天から下ってきた生きたパンである。それを食べる者は(誰《だれ》でも)、いつまでも(永遠にまで)生きるであろう。わたしが与《あた》えるパンは、世の命のために与えるわたしの肉である」。

そこで、ユダヤ人らが互《たが》いに論《ろん》じて言った、「この人はどうして、自分の肉をわたしたちに与えて食べさせることができようか」。イエスは彼らに言われた、「よくよく言っておく。人の子の肉を食べず、また、その血を飲まなければ、あなたがたの内に命はない(もたない)」。

(六章四七〜五三節)


当時のユダヤ人たちにとって、ここで語られたイエス・キリストの教えがあまりに極《きょく》端《たん》なので話が通ぜず、自分たちは人間を食べたりできるものか、と互いに論じ合いました。しかし、イエスは妥《だ》協《きょう》なさらず、「わたしの肉を食べず、また、その血を飲まなければ、あなたがたの内に生命はないぞ」と言ってやみませんでした。

イエスは、「あなたがたの祖先は、モーセによってエジプトの奴《ど》隷《れい》だった身分から脱《だっ》出《しゅつ》したが、シナイの砂《さ》漠《ばく》で飢《う》えそうになった時に、天から降《くだ》るマナを食べて命をつないだ。

実にそれは奇跡《きせき》であった。だが、それを食べても結局は死んだではないか。しかし、わたしが与《あた》えるパンは、決して死ぬことを見ない永遠の生命の元である。これを食べてほしい！」と言われる。しかし、ユダヤ人たちには、なかなかわかりませんでした。

キリストのおられた境地に

同様に皆様《みなさま》がたも、こういう聖書の記事があるとは信じたくもないでしょう。読んでも何だかわからないからです。ここで私は、「生命《いのち》のパンとは何であるか」という解釈《かいしゃく》はしません。なぜなら、イエス・キリストのおっしゃる意味を、ハッとわかるような心をもつことが大事だと思うからです。

宗教は議論《ぎろん》ではありません。わかる人にはわかるんです。わからない人をどれだけ説得しましても、また理屈《りくつ》を並《なら》べて説明しましても、無駄《むだ》ですね。私の家で犬を飼っていますが、犬小屋に赤や緑のじゅうたんでも入れてやったら犬が喜ぶだろうと思ったりします。でも犬は、色の区別がつきません。

そのように、どれだけカラーの、緑の美しさ、赤の燃え立つ色合いというものを説明しても、それらを識別できない者にはわからない。同様に、「天国、神の国」というものは、行ったことのない人にはわかりません。

キリストは、「神の世界から来た者でなければ、父なる神様をほんとうに知ってはいない。もし知ったならば、その人々はほんとうに信じて永遠の生命を受け取るだろうのに」と言われる。どうしてこういうことを言われるのでしょうか。

それは、ご自身が天国に、神の国の境地におられたからです。

だがこの境地は、イエス・キリストだけのものとしてはなりません。

私たちがキリストを師として学ぶならば、キリストに倣《なら》う者でなければなりません。

それは単に、外側を真似《まね》ることではありません。心を真似ることです。それができなければ、どれだけ私がここで聖書を講義しても無駄《むだ》なことです。

宗教は驚《おどろ》きの感情から

私の許《もと》で、今、若《わか》い人たちが信仰を学んでおります。意地が悪いようですが、私は誰《だれ》でも試《ため》します。たとえば緑の草花を指し、うちで働いているお嬢《じょう》さんに聞くんです。

「この草花は、どうしてこんなに美しい緑色なんだろうね」

「どうしてと言っても、緑は緑です」

「そう。じゃあ土田君、どうだ」

「はい、緑であるのは葉緑素があるからです」などと言う。だが私は、

「そんな説明ではなく、どうしてこのように私たちが住んでいる環境《かんきょう》は、千差《せんさ》万様《ばんよう》、多彩《たさい》な世界であるということに驚《おどろ》かないのか」と言うんです。

宗教の世界は、まず驚きからです。

不思議だなあ、私たちの住んでおる環境はなんと不思議なんだろう。

また、そのような不思議さに感じて心躍《こころおど》らせる自分はなんと不思議だろう、と思うに至《いた》って宗教心の芽生えがあります。何を見ても、

「そりゃ、草花の葉は緑色ですよ。燃える火は赤色ですよ。そういうものです」と言うんだったら、それは機械的な世界です。機械は、もう決まったようにしか反応しませんから、そこから宗教は生まれてきません。

詩篇《しへん》一一九篇には、次のような言葉があります。

もろもろの天は神の栄光をあらわし、
大空はみ手のわざをしめす。
この日は言葉をかの日につたえ、
この夜は知識をかの夜につげる。
話すことなく、語ることなく、
その声も聞えないのに、
その響《ひび》きは全地にあまねく、
その言葉は世界のはてにまで及《およ》ぶ。　（一～四節）

ここで詩人は、私たちの住む宇宙《うちゅう》の一切《いっさい》は、神のお造りになったものである、と言っています。神が造られたその天と地とを見るときに、大空を仰《あお》いでただ「空がきれいねえ」と言うだけなら、その人には宗教はわかりません。その空の背後《はいご》にある何かを見るときに、あるいは天伝《あまづと》う声なき声を聴《き》くときに、宗教が始まるんです。

せめて私たちは、「なんとこの世界は不思議だろうか！」と思う心をもっていたい。そのような心をもっていない限り、聖書の言葉はわかりません。

キリストが「わたしの肉を食え」と言われたら、「人間の肉？　そんなものを食えるものか」とユダヤ人たちはいぶかった。確かに、人間の肉は食えないでしょう。でも、それだけにとどまったら、宗教にはなりません。むしろ、躓《つまず》きます。多くの弟子《でし》たちは、「わからない」と言ってイエスの許《もと》から去ってゆきました。

ここで大切なことは、イエス・キリストは、「譬《たと》えによらないでは語られなかった」（マルコ伝四章三四節）とあるように、すべてのことを譬えをもって語りたもうた、ということです。

ですから、「わたしの肉を食え、わたしの血を飲め」とキリストが言われるのは、ある何かを言おうとして譬えておられるんです。その何かを、something《サムシング》をつかまなければ、私たちは宗教の真理を知ったとはいえません。

「どうも長年、聖書を読んだり、教会に通ったりするが、一向にわからん」と言う人があります。わからないのは、心のもち方に根本的欠陥《けっかん》があるんです。このことは非常に大事なことですね。しかし、教会ではそれを教えてくれないんです。

幼《おさ》な子《ご》の心に開かれる天

ルカ伝一〇章を読みますと、イエス・キリストが七十二人の弟子《でし》たちを伝道に遣《つか》わされました時に、彼らは喜んで帰ってきて報告しました、「主よ、あなたの名によっていたしますと、悪霊までがわたしたちに服従《ふくじゅう》します」(一〇章一七節)と。

すると、イエスは弟子たちに次のように言われました。

「霊があなたがたに服従することを喜ぶな。むしろ、あなたがたの名が天にしるされていることを喜びなさい」。そのとき、イエスは聖霊によって喜びあふれて言われた、「天地の主なる父よ。あなたをほめたたえます。これらの事を知恵《ちえ》のある者や賢《かしこ》い者に隠《かく》して、幼な子にあらわしてくださいました。父よ、これはまことに、みこころにかなった事でした」。　(一〇章二〇、二一節)

ここでイエス・キリストは、「宗教というものは、知恵のある人や賢い人、インテリなどに必ずしもわかるものではない。幼な子に顕《あらわ》される」と言っておられる。

リンドウの花を示して天の消息を語る

それで、理屈《りくつ》っぽく宗教を議論《ぎろん》する人たちがあると、私は非常に嫌《きら》うんです。そういう人は、感受性がないから驚《おどろ》きもしません。

草花を見ても、葉は緑で、花は白い、赤い、紫色だ、と機械的に思うだけです。そこに宗教はありません。

だが、イエス・キリストはここで、「天地の主なる父よ！」と言って、ご自分の神様を呼《よ》んでおられる。すなわち、天と地とは神が造られたものであり、神が支配しておられるということです。一つの神が支配しておられるから、天といい、地といい、何か相応《あいおう》ずるものがあるんです。このことがよくわかっていないと、どれだけ聖書を読んでも、聖書の文字面《もじづら》を読むだけに終わります。

「これらの事」（ルカ伝一〇章二一節）とはいろいろな意味に取れますが、天と地が相呼応《あいこおう》する世界のことでしょう。それは知恵《ちえ》のある者や賢《かしこ》い者には隠《かく》されていて、どれだけ理屈《りくつ》で詮索《せんさく》したってわからない。神学者とか哲学者《てつがくしゃ》、あるいは教会生活の長い信者さんなど、理屈でこね上げたような頭の人にはわからないんです。隠れてしまうんです。かえって、幼《おさ》な子《ご》のような者に神の国は顕《あらわ》される。

幼な子は純真《じゅんしん》です。純粋《じゅんすい》です。無垢《むく》です。汚《けが》れない心をもっています。

それでイエス・キリストは、「心をいれかえて幼な子のようにならなければ、天国に入ることはできない」(マタイ伝一八章三節)と言われるんです。

天と地は呼応《こおう》して

神が天と地とをお造りになって支配されている以上、ここには相関関係があります。十八世紀の神秘《しんぴ》思想家エマヌエル・スウェーデンボルグ*は、霊的で神秘な人として有名です。彼は霊界に出入りして、そのようすをさまざまな本に書いております。この人が「森羅《しんら》万象《ばんしょう》を通しても、これを創造《そうぞう》した神を知ることができる」ということを言って、このような相関関係を「コレスポンデンス　correspondence」という一語で表しました。

このコレスポンデンスの動詞《どうし》である「correspond《コレスポンド》」は、「co《コ》（互《たが》いに）＋respond《レスポンド》（応答する）」という語で、「即応《そくおう》する、符合一致《ふごういっち》する、（手紙などで）やり取りする」という意味です。「彼は言行が一致している」ということを、英語では“His words correspond with his actions.”《ヒズ　ワーズ　コレスポンド　ウィズ　ヒズ　アクションズ》などと言います。

聖書は、このコレスポンデンスということを、非常にやかましく説いています。たとえば、先ほどの詩篇《しへん》に、

「もろもろの天は神の栄光をあらわし、大空はみ手のわざをしめす」（一九篇一節）とありましたが、大空を仰《あお》ぐと幾重《いくえ》にも雲が折り重なり、その高さは計り知れません。それを見るときに、ヘブライ詩人は天が神の作品であることを感じた。美しい大空の背後《はいご》に、神様がおられることを直観しているんです。また、

「天はわが位《くらい》、地はわが足台である」（イザヤ書六六章一節）という聖句があります。

ここで、「地は神様の足台であり、天を玉座《ぎょくざ》として座《すわ》っておられるのが神様である」というときに、目に見える天と地にコレスポンドする何かがある、ということを知らなければなりません。

外側に現れたものから、内側に隠《かく》れた実体を直観する能力、これがコレスポンドする心です。

宗教は、象徴的《しょうちょうてき》にしか語れないものです。

それで、イエス・キリストが神の国のことを語られるときは、理屈《りくつ》ではなくて、地上の何かに譬《たと》えて示そうとされた。福音書《ふくいんしょ》を見ますと、三分の一は譬え話ばかりが載《の》っています。いかに多く譬えで語られたか。それは、地上の出来事が天に即応《そくおう》するからなんですね。コレスポンドするからなんです。

この「譬え」と訳《やく》された原文は、「παραβολή《パラボレー》」というギリシア語ですが、これは「譬え」というよりも「類比、比喩《ひゆ》」という意味です。「似ている」ということですから、何か天と地が似ている。そして、その似ているものをパッとつかむことが大事なんです。

ですから、私たちに信仰心が開けるためには、知識をため込《こ》むことよりもwisdom《ウィズダム》（智慧《ちえ》）というか、聡明《そうめい》さというか、天の消息を地上に翻訳《ほんやく》でき、地上を見て天の心を知ることができるような判断力を尊《とうと》ぶべきです。このような智慧を、支那《シナ》の王陽明*は「良知《りょうち》」と言い、仏教では「般若《はんにゃ》」と呼《よ》んでいます。

利口な者たちには隠《かく》された世界

地上のいろいろの出来事を見て、天上のことが悟《さと》れるような心。それは幼《おさ》な子《ご》のような心であるというが、幼な子はまだ言葉が十分できませんから、理屈《りくつ》を言ったりしません。しかし、父親がニコニコして笑うと、「ああ、お父さんは嬉《うれ》しいんだなあ」と思ってか、赤《あか》ん坊《ぼう》は嬉しげにします。また、母親が涙《なみだ》ぐんでいますと、その顔を見ただけで、何か母親の心の中を察して悲しげにします。これは、心がコレスポンドするからです。

親の表情、表現の奥《おく》にある何か真実なるものが、幼な子にも感ぜられる。幼な子は、誰《だれ》も教えないのにそれができるんです。しかし、宗教を勉強したりして、だんだん利口になってくるとできなくなる。これを教えるのは、なかなか難《むずか》しいんですね。

私たちの内なるものと外なるものは、必ずしも別ではありません。一つであるべきものです。これを最も一つに生きられたのが、イエス・キリストでした。キリストは、天の心をいつも地上で生かし、また地上のいろいろな出来事を見て、天の心を知られた。また、内なるものの大事さを知られた。内なるものの尊《とうと》さを知らなければ、外なるものも変わってきません。

先ほどのルカ伝の箇所《かしょ》でイエスが言われたように、天と地の相互《そうご》関係というか、コレスポンドしている世界に生きるという不思議さは、賢《かしこ》い者たち、この世の利口者たちには隠《かく》されている。しかし、幼《おさ》な子《ご》のような弟子《でし》たち──漁師だったり、取税人として卑《いや》しめられたような者たちを通して、神様は天地の不思議を、秘密《ひみつ》を明らかにされたことを感謝しておられます。

私は、日本の上代《じょうだい》の古典である『古事記』や『日本書紀』などを読むのを好みます。そこにはいろいろな神話が記されていますが、それらは天と地との消息を物語るものです。困難《こんなん》に遭《あ》っては天を仰《あお》ぎ、天の助けによって国を建てられた神武天皇《てんのう》の故事を読んでもそうです。天上界と地上界、相接《あいせつ》するようにして、影響《えいきょう》し合っている状況《じょうきょう》、コレスポンドしている状況。この不思議さは、神話の形式をとらなければ語れなかったんです。そして昔の人々は、心が純《じゅん》で幼な子のようでしたから、それを聞いてもよくわかったんです。

しかし、今の利口になった人たちは「何だ、神話なんて。子供《こども》じみた話だ」と言ってけなします。だが、そう言っている現代人の文明は、功利主義がはびこり、いよいよ凋落《ちょうらく》してゆくばかりではないですか。そして地球は公害で汚染《おせん》されて、破滅《はめつ》に瀕《ひん》しているではないですか。

宗教は、小さな人間の頭で、利口に知ろうとしてもできません。この天と地との相応関係、コレスポンドしている関係において、天の心を悟《さと》って地を歩き、地上のいろいろを見て天を知る。これは宗教の世界だけではありません。国を司《つかさど》る人々においても、「一葉落ちて天下の秋を知る」というが、小さな現象を見ただけでも、何か大きな変化の予兆を知るのが本当の政治家です。

直観的な悟り

しかし、天国を語るといっても、地上の言葉でしか語れません。それが、このヨハネ伝の中でイエス・キリストの苦心されている点です。

見えるものを表す「言葉」によって、目に見えない世界を表す。たとえば、人の心のことを語る場合でも、「岩のような頑固《がんこ》さ」といえば、人間の頑《かたく》な精神を表す意味にもなります。また、「世の中の冷たい風」などといえば、「冷たい人の心」というものを感じるでしょう。風、冷たい、などということは自然現象で、外側の出来事です。しかし、精神現象にも翻訳《ほんやく》できるんです。あるいは、「幕屋《まくや》の雰囲気《ふんいき》は温かい」と人は言います。物理的な温度はちっとも変わりません。しかしそう感じるのは、その人の心の温度が変わったからです。だから、この世の冷たさに泣いて、暗さに泣いて、光を求め温かさを求めて幕屋にやって来るんです。

これらは精神現象ですが、精神現象というものを説く場合にも、地上の見える現象に託《たく》して語る以外にありません。ましてや、天国のことを語る場合は、なおさらです。

このように考えてきますと、イエス・キリストが「わが肉を食え、わが血を飲め」と言われた時、「人の肉が食えるものか、人食い人種じゃあるまいし」といって皆《みな》が躓《つまず》いたというのは、コレスポンドする心がなかったということですね。

これは宗教的な智慧《ちえ》でして、仏教では「悟《さと》り」といいます。ハッと悟ることです。悟りは理屈《りくつ》じゃありません。説明を聞いて納得《なっとく》することとは違《ちが》うんです。このような直観的な心が開けない限り、どうしても宗教はわかりません。

地上で肉体をもったイエスが語られた言葉の内容は、霊的な天の真理なのですが、それにコレスポンドできる純真《じゅんしん》な心をもつべきことは、信仰以前の前提条件です。

天の心を地に映《うつ》す

もし、自分の信仰がどうも進まないという方があるならば、そして自分がもっと霊化されたいと願う方があるならば、まず自分に問うてみられるがよい。あなたは幼《おさ》な子《ご》のような純真無垢《むく》な心をもっていますか？　そのような心の鏡で天を映そうと思っていますか？　これは、一人ひとりが工夫《くふう》なさらなければならないことです。その工夫をせずに、聖書の知識をただ詰《つ》め込《こ》んでも、それがお互《たが》いの救いにはなりません。

自分がほんとうに悟《さと》りたい、救われたいと願って、地上にありながら天の消息をほんとうに知る、神のような人間になるためにはどうあればよいのか。

イエス・キリストは、「心をいれかえて幼な子のようにならなければ、天国にはいることはできない」と言われました。ほんとうにそうです。いよいよこの頃《ごろ》、そう思います。

神は目に見えません。しかしながら、私たちが豊かな感受性をもった柔《やわ》らかいハートで、幼な子のような心で、「天のお父様！」と言って、天地の主宰者《しゅさいしゃ》を見上げるならば、天の父は涙《なみだ》を流すようにして私たちを見てくださいます。

弟子《でし》たちに、少しでも幼《おさ》な子《ご》のような心が開けたら、イエス・キリストが聖霊に満たされて喜び躍《おど》って感謝されたように、私たちも幼な子のような心をもつ一人ひとりでありとうございます。このことは、神学書を何百冊《さつ》読むことよりも、聖書をいろいろと研究するよりも、まず第一の前提なんです。このことを疎《おろそ》かにして、私たちに何も見えてはきません。天が、私たちの心にその姿《すがた》を映《うつ》すこともありません。

私たちは、あまりにも今のでき上がった宗教に毒されてきました。

もう一度、イエス・キリストが説かれたままの原始《げんし》福音《ふくいん》に帰り、幼な子のような心で「天のお父様！」と祈りとうございます。そうしたら、すべてが明々白々です。


天と地とを創造《つく》りたもうたキリストのお父様！

私たちが利口に分別しようとします時に、どうぞもう一度静かに御前《みまえ》にひざまずいて、幼な子のような心で御顔を見上げまつることができますようにならしめてください。あなたはすべてをご存《ぞん》じです。私たちに欠けたるすべてをご存じです。どうぞ、一切《いっさい》を満たしてください！　私たちは弱く貧しい者たちです。しかし天と地とを知る心、天と地との秘《ひ》密《みつ》を開示された人間であるならば、この人生で最も勝利者だと思います。神様、天の心が地に映《うつ》ってゆくために、どうぞ私たちをお用いください。心を開いて生きてゆきますので、教えてください。導いてください！

どうか愛するこの日本を護《まも》り、もう一度、昔のような良き日本人となしてください。どうぞ、韓国《かんこく》を救ってください。ハワイを救い、アメリカを導いてください。全世界に散りて宿れるあなたの選ばれた民《たみ》に、この天と地との消息を知る奥義《おくぎ》を伝えしめられるよう、お願い申し上げます。尊《とうと》き御名《みな》により、祈り奉《たてまつ》ります。

（一九七三年七月一日）

＊エマヌエル・スウェーデンボルグ…一六八八～一七七二年。スウェーデンの科学者、神秘《しんぴ》主義者、哲学者《てつがくしゃ》。霊的体験に基《もと》づく多くの著作《ちょさく》を残す。

＊王陽明…一四七二～一五二八年。明《みん》の政治家、思想家。陽明学の始祖。

〔第三三講　聖句　ヨハネ伝六章五三〜五八節〕

53イエスは彼らに言われた、「よくよく言っておく。人の子の肉を食べず、また、
その血を飲まなければ、あなたがたの内に命はない。54わたしの肉を食べ、わたし
の血を飲む者には、永遠の命があり、わたしはその人を終りの日によみがえらせる
であろう。
55わたしの肉はまことの食物、わたしの血はまことの飲み物である。
56わたしの肉を食べ、わたしの血を飲む者はわたしにおり、わたしもまたその人
におる。57生ける父がわたしをつかわされ、また、わたしが父によって生きている
ように、わたしを食べる者もわたしによって生きるであろう。58天から下ってきた
パンは、先祖たちが食べたが死んでしまったようなものではない。このパンを食べ
る者は、いつまでも生きるであろう」。

第三三講

亡《ほろ》びぬ生命《いのち》つわりて

ヨハネ伝六章五三～五八節

人生は諸行無常《しょぎょうむじょう》、すべてのものは朽《く》ち、亡び、失《う》せ去《さ》ります。私たちが真に知らねばならぬことは、「一切《いっさい》のものが死ぬ。この地球も、自分の体もすべて朽ち、亡び、失せ、去ってゆく」ということです。これは、あまりにも自明の理ですのに、そう信じたくはないのが私たち人間であります。

旅衣《たびごろも》木の根かやの根いづくにか身の捨《す》てられぬ処《ところ》あるべき
身を捨つる捨つる心を捨てつればおもひなき世に墨染《すみぞめ》の袖《そで》　（*一遍上人《いっぺんしょうにん》）

神が「人の子よ、塵《ちり》に帰れ」と言われると、「朝《あした》に萌《も》えでて栄えても、夕べには枯《か》れしぼむ青草のように」（詩篇《しへん》九〇篇五、六節）、私たちもはかない人草《ひとくさ》でしかありません。

「われらにおのが日を数えることを教えて、知恵《ちえ》の心を得させてください」（詩篇九〇篇一二節）と祈った神の人モーセのように、私たちもありたいと願わされます。

私たちの住んでいる天地には、何一つとして「金甌無欠《きんおうむけつ》（完全で欠けたるところがない）揺《ゆ》るぎなき」ものなんて、ありはしません。この大宇宙《だいうちゅう》すら死に果て、亡《ほろ》びつつあるのを観察したら、あなたは大恐怖《だいきょうふ》にショック死するかもしれません。

絶えず大空の彼方《かなた》では、「天の星は、いちじくのまだ青い実が大風に揺られて振《ふ》り落《おと》されるように」（黙示録《もくしろく》六章一三節）、次々と無数の太陽が亡びつつあります。この日も月も落ちて亡び、天は巻物《まきもの》を巻《ま》かれるように、消え果てるでしょう（黙示録六章一四節）。

これは単なる聖書の譬《たと》え話でなく、宇宙科学の実証する真理です。もっと説明してみましょう。

地球も死んでゆく

私たちの住む地球の歴史は四十六億年といわれています。地球の長い営みから見ると、人間がわずか百年間、地上に生きて、栄えるとか衰《おとろ》えるとか申しましても、蟬《せみ》の鳴き声か朝露《あさつゆ》ほどの命でしかありません。

「子々孫々、お家大事」と言ったところで、藤原《ふじわら》氏、源氏《げんじ》、平家、足利《あしかが》、徳川と栄えた家柄《いえがら》も、わずか二、三百年でしかありませんでした。「菊《きく》は栄える、葵《あおい》は枯《か》れる」と俗謡《ぞくよう》に歌われましたが、その菊の紋章《もんしょう》も、敗戦後の現代では影薄《かげうす》いものでしかありません。

栄えるとか衰えるとか、事業に成功したとか名誉《めいよ》を得たとかいいましても、この世はつかの間の短い人生です。また、日本国が長く続いたといいましても、わずか二千年の歴史でしかありません。

今、繁栄《はんえい》を誇《ほこ》る日本の工業文明も、しょせんバベル*の塔《とう》でして、結局は神の審判《しんぱん》により一切《いっさい》の人間の企《くわだ》ては無に帰します。「二十世紀の驚異《きょうい》」と言われ、世界第二位のGNP（国民総生産）を誇って繁栄したつもりの日本人ですが、今や公害や物価高に悩《なや》まされ、精神的にも頽廃《たいはい》しきって、民族滅亡《めつぼう》の兆《きざ》しが至《いた》るところに現れています。

このままでは、日本は危《あぶ》ない。一時の栄華《えいが》を誇る民《たみ》が、やがて内なる実存《じつぞん》が暴露《ばくろ》されて滅亡に至る——世界の歴史は幾《いく》たびもこれを繰《く》り返《かえ》してきました。かつて栄えたギリシアもローマも滅亡《めつぼう》し、スペインやイギリスの繁栄《はんえい》も二百年足らず、今のソ連*やアメリカも百年後には没落《ぼつらく》して、見《み》る影《かげ》もないでしょう。民族も国家も亡《ほろ》び、やがては地球も死んでゆきます。

太陽も死んでゆく

さらに、目を宇宙《うちゅう》の彼方《かなた》に望遠しますと、宇宙においては無数の恒星《こうせい》、巨大《きょだい》な太陽が生まれ、輝《かがや》き、そして、また次々と死につつあるのを目撃《もくげき》します。

白昼、頭上にさんさんと照り輝く太陽は、水素の核融合《かくゆうごう》反応によってエネルギーを放出しています。太陽は、いわば巨大な水爆《すいばく》ともいえましょう。その光と熱は、私たち地球上の生物に多大な恩恵《おんけい》を与《あた》えてくれています。しかし太陽といえども、約五十億年後には中心部の水素の大半を燃《も》やし尽《つ》くして、温度の低い赤い星となる。その時、太陽の大きさは今よりも約二百五十倍も膨張《ぼうちょう》して、太陽の周りを廻《まわ》っている水星や金星、地球までも呑《の》み込《こ》んでしまいます。

その後、膨《ふく》れて大きくなった太陽は、核反応の燃えカスの重たい元素が、自らの重力によって自己《じこ》中心の方向に引っ張られ、圧縮《あっしゅく》されて地球の大きさぐらいに縮小してしまいます。やがて、冷えきって光を失い、死に果てる運命となります。無数の太陽が現に生まれてくるが、また次々と死にかけています。宇宙《うちゅう》にある多数の恒星《こうせい》の進化も、わが太陽と同じように生まれ、燃《も》え輝《かがや》き、膨張《ぼうちょう》し、重力で収縮《しゅうしゅく》し、暗くなって死んでゆく退化の過程をたどる、と考えられています。

しかし、太陽よりも質量の大きい恒星ですと、重力によって収縮する時に自分自身の重さを支えきれず、押《お》しつぶされて崩壊《ほうかい》してしまうことがあります。その際、極端《きょくたん》に高い温度と密度《みつど》のために、ついに大爆発《だいばくはつ》を起こして物質は飛び去り、後には星が崩壊してつぶれた芯《しん》(中性子)だけが残ります。これが数年前(一九六七年)に初めて発見された中性子星*(パルサー)であります。

宇宙の謎《なぞ》ブラック・ホール

この中性子星となる星よりも、さらに全体の質量が重すぎると、星自身が自分の重さを支えられなくなって、中性子の中核《ちゅうかく》さえも押しつぶされてしまいます。太陽ほどの質量

ブラック・ホール(想像図)

が、半径三キロぐらいの小さな球の中に押《お》し込《こ》められた、極端《きょくたん》に高い密度《みつど》の状態となります。

このように、極限状態になったものはブラック・ホール(暗黒の穴《あな》)と呼《よ》ばれ、重力の影響《えいきょう》があまりに大きくなりすぎて、いかなるものも対抗《たいこう》できない存《そん》在《ざい》となり、宇宙《うちゅう》の孤児《こじ》となり果てます。

このブラック・ホールの近くにある天体や物質は、ブラック・ホールの巨大《きょだい》な重力によって、ヒュッ、ヒュッと吸《す》い込《こ》まれてしまいます。

物質だけではない、光も、いかなる種類の信号も、ブラック・ホールに落ち込んでいって、もうその墓穴から抜《ぬ》け出《だ》すことができません。宇宙の蟻《あり》地獄《じごく》のような恐《おそ》ろしい穴が、ブラック・ホールです。

そこでは、星自身の光も、熱も、電波も外へ出られなくなる。したがって、ブラック・ホールの中で何が起こっているのか、落《お》ち込《こ》んでいった星がどんな運命になっているのか、私たちが観察しようにも、ブラック・ホールの内部から何も情報が得られないのです。

まさにこれ、白昼の暗黒、宇宙《うちゅう》の墓場ともいうべき空間が数知れず、宇宙のあちこちでポッカリ死の口を開いて存在《そんざい》しているというんです。

自己《じこ》中心的存在の結末

私は一年前から、このブラック・ホールについて、しきりに考えておりました。

いわば、あまりに星が自己中心的になりすぎて、周囲にある物質を一つ残らず吸収《きゅうしゅう》してしまう所——貯《た》めるだけ貯め込んで、太りきった星は自分自身の重みを支えきれず、ブラック・ホールとなって、宇宙の運行から離《はな》れ去《さ》り、宇宙の孤児《こじ》となってゆく。

イエス・キリストは言われました、

「自分の命を救おうと思う者はそれを失い、わたしのために自分の命を失う者は、それを見いだすであろう。たとい人が全世界をもうけても、自分の命を損したら、なんの得になろうか」（マタイ伝一六章二五、二六節）と。

取《と》り込《こ》み吸《す》い込《こ》むだけで、何一つ与《あた》えることをしなくなると、そんな利己的《りこてき》なものは、宇宙《うちゅう》の天体といえどもその結末が暗黒の墓場なのであります。

ドイツの詩人シラー*は、「世界史は、世界の審判《しんぱん》なり」と言いましたが、終わりの日、宇宙の天体も、人間も、人間の作った文明社会も、裁《さば》かれる時が来る。その人の生涯《しょうがい》の実存《じつぞん》が、否応《いやおう》なしに現される時がやって来ます。

一切《いっさい》のものが亡《ほろ》びつつあります。大宇宙でさえも死につつあります。人間とて同様です。人間、どんなに長生きしても七十年、九十年です。死にたくないとどれほど願っても、やがて地上から姿《すがた》を消してしまう。人間にとって何が確実であるか。それは、すべての人は死ぬ、という事実であります。夏の蟬《せみ》のように、どんなに鳴いても騒《さわ》いでも、短い命しかありません。

突《つ》き詰《つ》めて考えると、「生きる」ということは、なんとはかないことでしょう。

地球も、太陽も、宇宙全体も亡んでゆく。その中で短い人生の春を謳歌《おうか》し、栄えたとか成功したとか言っても、すべて虚《むな》しいことではないか。ついには亡びゆくものに奉仕《ほうし》したって、尊《とうと》い奉仕《ほうし》の志は空無《くうむ》にされてしまう！　人間が生涯《しょうがい》かけて行なう科学的探究《たんきゅう》とか、文化的貢献《こうけん》とか、慈善《じぜん》事業とか、その尊い努力も、亡《ほろ》びゆく宇宙《うちゅう》の中では砂上の楼閣《ろうかく》、一切《いっさい》が水泡《すいほう》に帰してしまいます。

亡びゆくものの中につわる生命《いのち》

もし、私たちが見渡《みわた》すところ、地上の一切が朽《く》ち果《は》ててしまうのであれば、生きる価値《かち》はないかのように思えるではありませんか。

しかし、冬枯《ふゆが》れの氷原が満目荒寥《まんもくこうりょう》として凍《こお》りついていても、すでに大地の中では草木は春の支度《したく》を行なっています。冬枯れの野にはまだ見《み》る影《かげ》がなくとも、地面の下には新しい生命力の衝《つ》き上《あ》げが始まっている。やがて春の訪《おとず》れとともに、みずみずしい緑の芽が吹《ふ》きはじめてきます。

一切が消えゆこうとしているところに、朽ちないもの、永遠なるものが、すでに込《こ》み上《あ》がってきている。全宇宙が崩壊《ほうかい》し、はかなく消えゆこうとする時に、崩《くず》れゆくものの中から芽生えようとする新しい生命があります。

その生命を、「永遠の生命」とか「神の生命」と言うんです。

この大生命が人格に具現したお方こそ、ナザレのイエス・キリストでありました。イエスを見ると、ただごとでない生命《いのち》が宿っていたことに驚《おどろ》きます。イエスが近づくだけで、多くの人が救われた。そのような天の生命を、この崩《くず》れゆく人間の肉体の中にもっておられたということは驚くべきことです。

女の人が妊娠《にんしん》しますと、二か月目ぐらいから「つわり」という現象が起こります。赤《あか》ん坊《ぼう》の新しい命が、母胎《ぼたい》に宿って痛《いた》みつわってくる。

そのように、亡《ほろ》びゆく私たちの内側に、神の御霊《みたま》が宿って、新しい神の子としての生命がつわってきつつあります。イエスの中に顔を出し、微笑《ほほえ》み、花咲《はなさ》いた生命――メシアともいうべき不思議な生命が、私たちの内にも芽生えてくるんです。この生命が私たちを生かすんです。これが大事なんです。

一切《いっさい》が亡びゆく中で、亡びない生命がある。

これを見出《みいだ》すことこそ、人生の究極の理想ではないでしょうか。

「天地は滅《ほろ》びるであろう。しかしわたしの言葉は滅びることがない」(マタイ伝二四章三五節）とキリストは言われました。

たとえ天と地とが崩《くず》れ去《さ》っても、「永遠の生命」は神様の世界にまで、亡《ほろ》びることのない来たるべき世界にまで、私たちを生きつづけさせる生命となるんです。この永遠の生命を、この地上において芽生えさせ胎蔵《たいぞう》しなければ、次の世界にまで行くことはできません。政治に尽《つ》くし、経済《けいざい》に貢献《こうけん》し、家庭を立派《りっぱ》に築き上げる――みんな善《よ》いことです。なすべきことです。だが、それらもすべて亡びゆくものです。永遠の生命を得ることを抜《ぬ》きにして、何をすると言うのか！　永遠の生命がつわることを待たずして、それらすべての業《わざ》はみな無意味と化します。

では、私たちが永遠の生命を得るために、どうしたらいいか。イエス・キリストは次のように言われました。

むさぼり喰《くら》うほどに

イエスは彼らに言われた、「よくよく言っておく。人の子の肉を食べず、また、その血を飲まなければ、あなたがたの内に命はない（もてない）。わたしの肉を食べ（食べる者）、わたしの血を飲む者には、永遠の命があり（もち）、わたしはその人を終りの日によみがえらせるであろう。わたしの肉はまことの食物、わたしの血はまことの飲み物である」。

（六章五三〜五五節）

この箇所《かしょ》で注意しなければならないのは、「食べる」ということについて、キリストは二種類のギリシア語を使っておられるということです。五三節を読むと、「人の子の肉を食べず、また、その血を飲まなければ、あなたがたの内に命はない」とあります。ここでは、「εσθιω《エススィオー》　食べる」というギリシア語が使われている。これは普通《ふつう》に食べる食べ方です。しかし、次の五四節では、「わたしの肉を食べ、わたしの血を飲む者には、永遠の命がある」とありますが、ここは「τρωγω《トゥローゴー》　むさぼり喰《くら》う」という語が使われています。

この「τρωγω《トゥローゴー》」という動詞《どうし》は、野獣《やじゅう》が獲物《えもの》をかき裂《さ》いて、むさぼり喰い、骨《ほね》をガリガリ噛《か》み砕《くだ》いて、しゃぶるように食べることをいいます。よく咀嚼《そしゃく》して、骨の髄《ずい》まで舐《な》め尽《つ》くすことを指すんですね。これは、「εσθιω《エススィオー》」よりも強い食べ方です。

イエス様が、「わたしの肉を食べよ」と言われると、人々は躓《つまず》いた。

すると、もっと激《はげ》しい言葉で、畳《たた》みかけるように「τρωγω《トゥローゴー》するんだ、喰《くら》うんだぞ！」と言われたということです。ですから、ここは日本語の訳《やく》を変えないといけませんね。「εσθιω《エススィオー》　食べる」と、「τρωγω《トゥローゴー》　喰う」とでもすればわかるでしょうか。

すなわち、キリストの宗教は、ただ普通《ふつう》の宗教を信じるというような信じ方では良くないのであって、ほんとうにキリストを魂の糧《かて》として喰《くら》い尽《つ》くすぐらいでないと、私たちは永遠の生命に至《いた》ることはできないということです。

生けるものは、養われなければなりません。生きとし生けるもの、アウタルキー（自給自足）的存在《そんざい》でない限り、何かに養われなければならない。蛸《たこ》が自分の足を食べて生きながらえているようなことは、不可能です。

その昔、イスラエルの民《たみ》が出エジプトした時、水なき枯《か》れ果《は》てたシナイの砂漠《さばく》で苦しみました。だが、彼らは日々、天からのマナによって生きつづけることができました。

イエス・キリストは、ご自分を「わたしは天から下ってきた生きたパンである」と譬《たと》えて、あまたのイスラエルの群衆《ぐんしゅう》を前にして、「わたしの肉を喰え！」と説かれた。

だが、多くの人はその言葉を聞いて、「これは、ひどい言葉だ。だれがそんなことを聞いておられようか」（六章六〇節）と言って、躓《つまず》いてしまった。

しかし、人を救うためには、ごまかさず、本当のことを言わなければならない。

イエス・キリストは、宗教を説くことにおいて真剣《しんけん》でした。人が躓こうが、躓くまいが、そんなことを問題とせず、「わが肉を喰《くら》え、わが血を飲め！」と言ってはばからない不退転の姿勢《しせい》でした。躓きが起こるのを恐《おそ》れて、宗教の真理を手控《てびか》えにして話している間は、原始《げんし》福音《ふくいん》は伝《つた》わり難《がた》い。どうせ聞く耳をもたぬ人は、自ら永遠の生命から遠ざかってゆくでしょう。

血とは生命である

イエス・キリストは、「わたしの肉を喰え！」と言われただけではありません。さらに「わたしの血を飲め！」と言われた。

旧約聖書において厳《きび》しく禁じられていることは、羊や牛などの動物を屠《ほふ》って食べてもよいが、血はすっかり抜《ぬ》いて食べなければならないということです。これはユダヤ民族の伝統でして、戒律《かいりつ》として厳《きび》しく守られているものです。今でもそうです。

それは旧約聖書に、

「あなたがたは、どんな肉の血も食べてはならない。すべて肉の命はその血だからである。すべて血を食べる者は断《た》たれるであろう」（レビ記一七章一四節）と書かれていて、血は命であると信じられているからです。

ですから、「血を飲め！」などと言ったら、信仰的なユダヤ人だったら皆躓《みなつまず》くんです。しかし、あえてイエスが「わたしの血を飲んでくれ」と言われるときに、その血とは何でしょうか。それは、人間の血を飲むということではありません。「血は命である」（レビ記一七章一一節）とあるように、イエスの霊的な生命を汲《く》んでほしいということです。

主イエスは、「わたしは生命《いのち》のパンだ！　わたしの肉を喰《くら》え、わたしの血を飲め！」と言われた。このような言葉が書き残されていることは、なんとありがたい幸せか。私は、こういう箇所《かしょ》に、本当のキリストの信仰の奥義《おくぎ》というものが、ほの見えるように思うんです。キリストが言われるのは、単なる物質としての肉や血のことではない。動物的な肉を喰い、血をすする意味ではない。

「人間の魂を生かしめる霊の養い分がある。もし、わたしに触《ふ》れ、わたしに信じてくれるなら、わたしがいかに驚《おどろ》くべき生命を携《たずさ》えて来ているかがわかるであろう」というのが、イエス・キリストの訴《うった》えなんです。キリストが与《あた》えようとされる、この永遠の生命こそは、宗教が与える最高のものです。

キリスト教会では、このヨハネ伝六章五四節の聖句を、聖餐式《せいさんしき》を行なう意味だと解釈《かいしゃく》して、千九百年の間、パンを裂《さ》きぶどう酒を飲むごとに、「このパンはイエス様の身体《からだ》である。ありがたく頂《いただ》きます」ともったいなさそうに儀式《ぎしき》を繰《く》り返《かえ》してきました。ミサで救われると思っているんです。なんと幼稚《ようち》で愚《おろ》かなことか！　儀式なんかで聖別されると思ったら、とんでもない大間違《おおまちが》いです。これも、宗教を学ぶ心構えというか、真理にコレスポンドする力を欠いでいるから、真理の何たるかを見抜《みぬ》けぬことからくるんです。

永遠の生命を保つには

「わたしの肉を喰《た》べ、わたしの血を飲む者はわたしにおり（留《とど》まり）、わたしもまたその人におる（留まる）。生ける父がわたしをつかわされ、また、わたしが父によって生きているように、わたしを喰《た》べる者もわたしによって生きるであろう。天から下ってきたパンは、先祖たちが食べたが死んでしまったようなものではない。このパンを喰べる者は、いつまでも（永遠に）生きるであろう」。

（六章五六～五八節）

イエス・キリストはここで、「わたしの骨《ほね》をしゃぶり尽《つ》くすぐらいに、わたしに聴《き》いてくれないかなあ、信じてくれないかなあ、愛してくれないかなあ。わたしを喰《くら》ったら、その人の中で神の生命《いのち》が宿るじゃないか。わたしはあなたがたの内に宿り、あなたがたはわたしの内に宿ることが起きるのに！」と訴《うった》えておられる。

これは、キリストご自身の中に蔵《ぞう》されている言霊《ロゴス》を、私たちの身に摂取《せっしゅ》しなければいけない、ということです。キリストの言葉やそのご生涯《しょうがい》を通して、キリストの実存《じつぞん》、その生命の根源《こんげん》に触《ふ》れて、私たちの魂が養われ、育ちゆくことが大切であります。

鯛《たい》の頭の骨蒸《こつむ》しでも食べはじめたら、あまりの美味《おい》しさに、骨までしゃぶってやめられなくなります。同様に、私たちは聖書を朝に夕にトゥローゴー（喰う）して、「然《しか》り、アーメン！」と溜《た》め息《いき》つくまでに読むようになったら、聖書の言葉が甘美《かんび》で、やめられなくなります。御言葉《みことば》の鵜呑《うの》みは、魂の栄養分とならない。コレスポンドする心が開けていないと、聖句の読み過ごしに終わります。『骨《ほね》まで愛して』という歌謡曲《かようきょく》があるが（笑）、ご飯を食べることよりも何よりも、聖書の御言葉のほうが嬉《うれ》しくなったら本物ですね。

生かすものはキリストの聖霊である

肉を喰《くら》うとは何か。イエス・キリストは、

「人を生かすものは霊であって、肉はなんの役にも立たない。わたしがあなたがたに話した言葉は霊であり、また命である。しかし、あなたがたの中には信じない者がいる」（ヨハネ伝六章六三、六四節）と言って嘆《なげ》かれました。

キリストは、朽《く》ちない生命《いのち》を携《たずさ》えて、地上に現れたお方でした。この生命を得るときに、すべてが朽ちゆく中にも、私たちは永遠を生きつづけることができます。

イエスは幕屋祭の終わりの大事な日に叫《さけ》んで言われました、

「だれでもかわく者は、わたしのところにきて飲むがよい。わたしを信じる者は、聖書に書いてあるとおり、その腹《はら》から生ける水が川となって流れ出るであろう」（ヨハネ伝七章三

七、三八節)と。それは、信者が受くべき聖霊を指して言いたもうたのでした。
私たちは、生命《いのち》の水の源《みなもと》である主なる神に渇《かわ》き求めて、ついにイエス・キリストに霊的水脈を発見し、聖書を読むに至《いた》りました。この聖書が指し示す永遠の生命なる聖霊を得ないならば、すべては虚《むな》しいものです。これは、命をかけて、生涯《しょうがい》をかけて、最も強い人間が人生の苦労に打ちひしがれながらも求めつづけるものなんです。多くの人が「宗教は哀《あわ》れな弱者が求めるものだ」というときに、原始福音は違《ちが》うんだ！　この永遠の生命を握《にぎ》るときに、こんな嫌《いや》な世の中にあっても、生きがいがあった！　と皆《みな》が言いだしますよ。

ヨハネ伝の中心課題《テーマ》は、この「永遠の生命」にあります。

永遠の生命を人々に得させるために、イエス・キリストは地上に現れ、十字架《じゅうじか》にかかってでも、血の注ぎをなされた。

永遠の生命とは、時間的に長い生命という意味でありません。無限と有限とが質的に全く異《こと》なっているように、有限の時間がどれだけ長くなっても「永遠」とはなりません。

永遠の生命とは、この朽《く》ちゆく虚しい肉の生命が、長く永久に続くことではない。この卑《ひ》俗《ぞく》な地上に縛《しば》られて、永久に生きねばならぬのならば、まさに人生は阿《あ》鼻《び》叫喚《きょうかん》の無間《むげん》地獄《じごく》じゃありませんか。毎日の新聞が、それを憎々《にくにく》しく報じているとおりです。

永遠の生命とは、神界の生命のことです。一切《いっさい》が虚無《きょむ》に帰してゆくときに、永遠の生命は朽《く》ちず、この生命こそは人生最大の発見であり、最高の喜びである。この生命に生きてのみ、地上を天国のように歩いてゆけます。

私たちが今、ヨハネ伝を通して学びつつあることは、最高の道なんです。謙虚《けんきょ》に学ぼうではありませんか。そして、それをほんとうに一人ひとりがものにして、地上を去ろうではありませんか。


祈ります。

私たちは皆《みな》、永遠の生命を得るということが一番の眼目です。多くの人間がいる中で、私たちはこの生命に与《あずか》って次の世界に行くと思うと、ありがたい幸せです。

神様！　どうか私のこの腐《くさ》った身体《からだ》、腐った心の奥底《おくそこ》から、つわり、つわりだしてください！

新しい生命、永遠の生命がつわりだしてください！　皆で祈ってください！


（一九七三年七月八日）

＊一遍上人…一二三九〜一二八九年。伊予《いよ》（愛媛県）に生まれる。鎌倉《かまくら》時代中期の僧《そう》。時宗《じしゅう》の開祖。

＊バベルの塔《とう》…創世記《そうせいき》に記されている伝説の塔。バベルの町に、天に届《とど》くような高い塔を築こうとした人間のおごりを神が怒《いか》り、それまで一つだった言語を混乱《こんらん》させたので、塔は未完成に終わったという。

＊ソ連…ソビエト社会主義共和国連邦《れんぽう》の略称《りゃくしょう》。ロシアなど十五の構成共和国から成っていた。一九一七年のロシア革命《かくめい》によって建国され、一九九一年まで続いた。

＊中性子星…主として中性子から成る極《きわ》めて高密度《こうみつど》の天体。大質量の恒星《こうせい》が、進化の最後に自らの重力を支えきれずに崩壊《ほうかい》し、超新星爆発《ちょうしんせいばくはつ》を起こす際に作られる。

＊フリードリッヒ・フォン・シラー…一七五九〜一八〇五年。ドイツの詩人、劇作家《げきさっか》。ゲーテと並《なら》ぶ十八世紀ドイツ文学の代表者。

補講Ⅰ

ユダヤ教と原始福音
――キリスト聖書塾ゼミナール講話――

「もし、あなたがたがモーセを信じたならば、わたしをも信じたであろう。モーセは、わたしについて書いたのである。しかし、モーセの書いたものを信じないならば、どうしてわたしの言葉を信じるだろうか」。

（ヨハネ伝五章四六、四七節）

日曜日の集会で、このヨハネ伝五章の聖句を学びました（第二五講参照）。

私は今まで、この箇所《かしょ》をそれほど重要とは思わずに読んできました。しかし、自分で皆《みな》さんに話しながら、イエス・キリストは大変なことを述べておられると思ったんですね。

この春、イスラエル国の独立二十五周年を祝して巡礼団《じゅんれいだん》を送りましたら、大統領から子供《こども》たちに至《いた》るまで、圧倒的《あっとうてき》な歓迎《かんげい》を受けました。ユダヤ人たちの喜びは例えようもなく、和服を着た日本婦人たちはモミクチャにされる大歓迎でした。

幕屋に贈られたトーラー

「世界じゅうの他国人の誰《だれ》もやってくれない祝福をしてくれた」とイスラエルじゅうの人々が驚《おどろ》き喜び、テレビでも全世界に放送されました。

また、今回の巡礼を記念して、エゲッド社（イスラエル最大のバス会社）からトーラー（モーセ五書）の巻物《まきもの》が日本幕屋《まくや》に贈《おく》られました。二百年も前に羊皮紙に書かれた貴重《きちょう》なもので、幕屋に対する深い敬意《けいい》と信頼《しんらい》をもって贈られたのでした。

このように深まる幕屋とイスラエルとの友好関係について、「幕屋はイスラエルに近づきすぎるのではないか」という危惧《きぐ》を表明する人々もあります。

今後、イスラエルと幕屋の関係はどのように発展《はってん》していったらよいか、ユダヤ教*と原始福音《げんしふくいん》*の将来《しょうらい》の関係はどうあるべきか、共に考えたいと思います。

これは大きなテーマなので、私たちは間違《まちが》わずに進んでゆきたい。その時に、一人が立ってリードするという考え方があります。もう一方、聖書の言葉は共同で考えることが大事です。そうでないと、幕屋の信仰が共同のものになりません。諸君《しょくん》は若《わか》いから、未来は君たちにかかっている。互《たが》いに共鳴を呼《よ》ばなければ駄目《だめ》だと思うんです。

神様は、こういう問題について、どう問いかけておられるだろうか。私はいつも、そうやって考えるんですね。誰《だれ》かの思想を鵜《う》呑《の》みにしたり、真似《まね》したりしておっても駄目です。自分のものでないから、何かあると思想と行動が違うということになります。

ユダヤ教の花であるキリスト

私たちがイスラエルに行きますと大変な歓迎《かんげい》を受けますが、一般的《いっぱんてき》にはユダヤ教とキリスト教は、非常に対立しております。しかし、イエス・キリストには、何か新しい宗教を創始《そうし》して、ユダヤ教と対立する意図はありませんでした。キリストは、「わたしが律法《りっぽう》や預言者を廃《はい》するためにきた、と思ってはならない。廃するためではなく、成就《じょうじゅ》するためにきたのである。よく言っておく。天地が滅《ほろ》び行《ゆ》くまでは、律法の一点、一画もすたることはなく、ことごとく全うされるのである」（マタイ伝五章一七、一八節）と言われました。この言葉を見てもわかるように、キリストの原始福音は、ユダヤ教と宗《しゅう》派《は》的《てき》に反目し、対立した別派ではありませんでした。

キリストは、ユダヤの宗教をあまりにも愛されたがゆえに、当時のユダヤ教の形骸化《けいがいか》を嘆《なげ》いて、宗教改革《かいかく》の烽火《のろし》を上げられたのです。キリストはあくまでユダヤ人として、メシア的意識をもって「旧約聖書の精神に帰れ！」と叫《さけ》ばれた。そのために、ついに十字架《じゅうじか》につけられ殺されてしまいました。もし新宗派を立てるおつもりならば、十字架にかかったりしません。ヘブライ信仰の精髄《せいずい》を、どこまでも守《まも》り抜《ぬ》こうとして、イエスは血の祭壇《さいだん》に身を捧《ささ》げ、生死を超《こ》えても前進しようとされたのでした。

そういうわけで、原始キリスト教の初期においては、ユダヤ教の一派としての雰囲気《ふんいき》が濃厚《のうこう》で、指導的な役割《やくわり》を果たしていたのは、ほとんどすべてユダヤ人でした。安息日が重んぜられ、旧約聖書が集会で読まれていました。次第《しだい》に、イエスの言い伝えやパウロの手紙などが、「福音書」や「書簡《しょかん》」として、信仰奨励《しょうれい》のため併読《へいどく》されるようになりましたが、旧約聖書が依然《いぜん》として「聖書」として尊《とうと》ばれていました。

そして、「聖書、特にモーセの五書（トーラー）を心読したら、イエスこそメシアであることがわかる。ユダヤ教が生んだ最も素晴《すば》らしい花こそ、イエス・キリストである。このイエスを見よ！　イエスにこそ、永遠の生命が内住している。この霊的生命を分与《ぶんよ》するところに、イエスの生命がある」と同胞《どうほう》であるユダヤ人たちを啓蒙《けいもう》したのが、彼ら初代のクリスチャンたちでした。

原始福音の異質化《いしつか》

このように、旧約聖書の伝統の上に花咲《はなさ》いた原始福音の初期は、信仰が健全でした。しかし、原始福音がヨーロッパその他の各地に伝道されるに及《およ》んで、各地の風土や民族に適合した宗教を生み出そうとして混交し、次第に信仰の異質化が起こってきました。

たとえば、ローマ帝国《ていこく》内で行なわれていた女神礼拝《れいはい》に影響《えいきょう》されて聖母マリヤ崇拝《すうはい》が生じ、太陽神を祝う冬至《とうじ》の祭りがクリスマスとして祝われるようになりました。また、二世紀の後半から三世紀になると、ローマ化した教会の教父たちの思想はギリシア哲学《てつがく》や東方思想にも支配されるようになり、原始福音の霊的生命はすっかり失われてしまいました。

こうして、聖書の宗教が外国に伝わって異質化《いしっか》するにつれて、キリスト教とユダヤ教とが対立し、反発するようになりました。ユダヤ教は、キリスト教のように外国に向かって伝道することをしませんから、数においても次第《しだい》に劣勢《れっせい》となり、統制力を失いました。

だが、ユダヤ教から変質したキリスト教に対して、ユダヤ人は「あれは聖書の宗教とは違《ちが》う！」と、ハッキリ批判的《ひはんてき》な態度をもつに至《いた》ります。こうして、頑《がん》としてセム民族に特有な唯一神《ゆいいっしん》の信仰を堅持《けんじ》しつつ、異教徒と同化しないユダヤ人は、やがてキリスト教徒からさんざんにいじめられ、迫害《はくがい》されるに至ったわけです。

しかし「迫害」というものは奇妙《きみょう》なもので、いじめられればいじめられるほど、ますます信仰を固めてゆきますから不思議です。ユダヤ人たちは、自らの民族的な誇《ほこ》りを決して忘《わす》れずに、ついには二千年にわたる流浪《るろう》の旅に終止符《しゅうしふ》を打って、二十五年前（一九四八年）にイスラエル国の再建を達成したのでした。

宗教的帝国《ていこく》主義の誤《あやま》り

ユダヤ教はこのように、己《おのれ》の独自性を保つことには厳格《げんかく》ですけれども、他宗派《たしゅうは》・他宗教に対して自らを押《お》しつけたりしません。しかしながら、キリスト教はヨーロッパ人の気質を受《う》け継《つ》いだからでしょうか、宗教を抽象化《ちゅうしょうか》し、絶対化する傾向《けいこう》が強いために、他宗教を排斥《はいせき》し、自らを他に押しつける性質をもっています。

この「宗教的帝国主義」ともいうべき体質は、カトリック教会でも、聖公会でも、プロテスタント諸教派《しょきょうは》でも例外なくもっています。それで、アメリカのクリスチャンなどは、「ユダヤ人伝道をしよう」などと提唱して、盛《さか》んに宣教師《せんきょうし》を派遣《はけん》し、ユダヤ教徒をキリスト教徒に改宗させようと無理な努力をしています。

しかし、この宗教的帝国主義たるや、実にバカげたしろもので、これは宗教というものの特質を全然知らない人が主張することです。すでにでき上がった宗教は、外部からこれを改変・改革《かいかく》しようとすることは極《きわ》めて困難《こんなん》で、ほとんど不可能に近いものです。

たとえば、弘法大師《こうぼうだいし》（空海）によって創始《そうし》された真言宗は、日本じゅうに非常に深い影《えい》響力《きょうりょく》をもっています。ただ単に真言宗という一宗派《いちしゅうは》としてだけでなく、各地に民俗的《みんぞくてき》宗教として土着し、人々は「お大師さん、お大師さん」と空海を慕《した》っております。

この隠然《いんぜん》たる勢力をもつ真言宗の信徒を、真宗に改宗させようとしたり、または日蓮《にちれん》宗《しゅう》の改革《かいかく》ということを、外側から浄土《じょうど》宗《しゅう》の人がやろうとしたって、できるものではありません。宗教改革は内部からは可能ですけれども、外部からは不可能です。

ローマ・カトリックの修道僧《しゅうどうそう》マルティン・ルターは、カトリック教会内の腐敗《ふはい》を嘆《なげ》いて改革を叫《さけ》びましたら、予想外に多くの人々の共鳴を呼《よ》んで、ついには「プロテスタント」として、教会の束縛《そくばく》を脱《だつ》する一派が生まれるほど、宗教改革運動に発展《はってん》しました。

それで、ルターはユダヤ教徒にも呼びかけて、ユダヤ教の改新を期待しましたが、何らの反応もありませんでした。宗教改革といっても、それはキリスト教会内部の出来事にすぎない、とユダヤ教徒はソッポを向いたからです。期待外れになると、ルターは晩年《ばんねん》には、ユダヤ教徒に対して怒《いか》ってさまざまな悪口を言いました。

そのルターの悪口を上手に利用し、ユダヤ人迫害《はくがい》の口実にしたのがナチスのヒットラーでした。北欧諸国《ほくおうしょこく》はルターを神様の次ぐらいに考えて、なかば神格化していますから、

「ルターがこのようにユダヤ人を批判《ひはん》しているではないか！　彼らは神の恩寵《おんちょう》の特権《とっけん》から堕《お》ちた滅《ほろ》びの民《たみ》である」とアジりますと、人々はこぞってユダヤ人を苦しめ、虐殺《ぎゃくさつ》することさえいとわぬに至《いた》ったのです。ユダヤ人がこのように追いつめられ、悪逆非道の取《と》り扱《あつか》いを受けたのも、元はといえば、西洋キリスト教会のもつ宗教的帝国《ていこく》主義が原因でした。

各時代、各民族の花が

プロテスタントの一派《いっぱ》であるホーリネス教会の中には、「ユダヤ人がイスラエルの地に帰ってきて、キリスト教に改宗した時に、メシアが再臨《さいりん》する」と信じている人々がいます。これは旧約聖書を誤解《ごかい》して、そう信じているわけですが、「ご再臨があるためには、どうしてもユダヤ人が改宗しなければならない。再臨を促進《そくしん》するために、イスラエルのために禱告《とうこく》し、彼らの救いのためにユダヤ人伝道に励《はげ》まねばならない」などと中田＊重治《じゅうじ》などが主張しました。

それで、私たち幕屋がイスラエルと親善《しんぜん》関係を結んで接近するのを見て、「あなたがたはイエスをメシアと信じているクリスチャンであるならば、なぜユダヤ人に伝道しないのか？　われわれと同調して再臨促進《さいりんそくしん》運動をやろう」と呼《よ》びかけてきたりします。しかし、これに対して私たちは「ノー（否《いな》）」と答えて拒否《きょひ》します。それは、なぜか？

一つには、私たちがメシアを信ずるといっても、西洋流のクリスチャンの信じ方とは違《ちが》っているからです。私たちは肉のイエスを信じているのみでなくて、「永遠のメシア、生けるキリスト」を信じているからです。

アブラハムやモーセの昔からイスラエル民族を贖《あがな》い、ダビデ王の時代にかの繁栄《はんえい》をもたらしたもうた神の霊は、しばしば人間に受肉して歴史上に姿《すがた》を顕現《けんげん》しました。これをメシア、すなわちキリストと呼ぶんです。

そして、イエス・キリストにおいて、神の御霊《みたま》はまさしく顕《あらわ》れました。

私たちは、それを見て、聖書の宗教に驚《おどろ》きます。けれども、私たちは人間イエスに信じるのでない。イエスに受肉し臨《のぞ》んだところの永遠の生けるキリスト――今も生きて働き、苦しむ者の祈りにありありと応《こた》えたもう、生けるキリストに信じているのです。だが、この生けるキリストを霊的に体験したことがない人々に、この事実は理解できません。ただの言葉のあやとしか受け取りません。

もう一つは、宗教というものは、ある年代、またある民族を通して咲《さ》く花だ、と考えるからです。植物でも、その風土によって花の咲き方、実の結び方が違《ちが》うように、ユダヤ教、キリスト教と宗派《しゅうは》の形式は違っていても、それぞれ、いろいろの宗教が共存《きょうぞん》してもよいではないか、と私は考えます。

アブラハム・ヘシェル(右)と手島郁郎(1971年)

この考え方は、私だけでありません。*アブラハム・ヘシェルやマルティン・ブーバーも、ユダヤ教徒ですけれども、私と同様の意見でした。「キリスト教はキリスト教として存在したらよい。キリスト教という既成《きせい》の宗教を排撃《はいげき》するよりも、その純化《じゅんか》を促《うなが》したがよい」とヘシェルは私に言いました。

ユダヤ教とキリスト教とが同根である以上、相互《そうご》に刺激《しげき》し合って進歩すべきだと思います。たとえば、ドイツの神学者ルドルフ・オットー*の著書《ちょしょ》『聖なるもの(DAS HEILIGE《ダス ハイリゲ》)』などは、ユダヤ教にも多大な影響《えいきょう》を与《あた》えたとして、学者はその真価を高く評価しました。

キリスト教の神学者では、オットー・ピーパー*やラインホルド・ニーバー*、パウル・ティリッヒでも同じ考えに立っており、宗教は共存《きょうぞん》してもよいではないか、と主張しています。私も、今更《いまさら》でき上がったユダヤ教をキリスト教に同化しようとは、夢にも思っていません。各年代、各民族を通して咲《さ》いた神の花を、もっと豊かに咲かせたらよい、と信ずるのです。

イエスの戦いを今も

宗教は実存的な問題で、「どの宗教が優《すぐ》れているか?」ということを、冷静に、第三者的に問うことではなく、一人ひとりが現在、生ける神との出会いの経験の濃淡《のうたん》を問うことです。その神学者が、果たして神と共に生きる信仰をもっているかどうか、ということを私は看破《かんぱ》して対決します。宗派《しゅうは》の違《ちが》いは二の次、三の次であります。

日本人は、この意味において西洋人と違い、宗教の形の上の差異《さい》については寛容《かんよう》な民族です。問題は、外面的に何の宗派《しゅうは》を信奉《しんぽう》しているかではなく、私たちはイエスが聖書を読まれたと同じ読み方――すなわち、新約的な読み方で読み、信じてゆけばよいのです。いかにヘブライ語を学び、旧約聖書を読めるといっても、単にユダヤ教を模倣《もほう》し、ユダヤ教の学者の説を鵜呑《うの》みにするのであれば、それはつまらないことです。私たちはそんな愚《おろ》かな過《あやま》ちを犯《おか》したくありません。

私は、何も特別に宗教的訓練を受けたり、教養をもつ人間ではありません。ただ旧・新約聖書を味読しただけの人間です。素人《しろうと》だけに、とらわれずに真理の追求ができます。

ユダヤ教の優《すぐ》れた学者たちが、

「テシマの信仰は本物だ。マクヤの信仰は、聖書の宗教の当然あるべき姿《すがた》だ。私たちユダヤ人も、マクヤ人《びと》のヒトラハブート(灼熱《しゃくねつ》の歓喜《かんき》)を回復したいものだ」と言われるときに、私たちは「イエスの霊戦」を後続しつつあると知って、嬉《うれ》しくてなりません。

宗教の大眼目は何か

今後、私たち幕屋はユダヤ教に対し、どのような態度をもつべきか?

前にも述べたとおり、私たちはすでにでき上がった宗教に対して、外部から改宗や改変を迫《せま》るべきではない。伝道というものは、人生に苦しみ呻《うめ》いて救いを求める人にのみ、神の救いを説けばよいいんです。

イエス・キリストは、ユダヤの宗教的な伝統の上に立って改革《かいかく》を叫《さけ》びました。後代のキリスト教会のように、「旧約は廃《すた》れてしまい、新約が残ったんだ。旧約は新約に取って代えられたんだ」などとは、イエスもパウロも言っていません。新しい霊的な約束を立てるとは、旧約聖書自体が約束していることです。

出エジプトの時に、神の出会いの幕屋において、イスラエルの長老たち皆《みな》が、神の霊に満たされて預言をし、異言《いげん》を語りました（民数記一一章）。このような神の御霊《みたま》の働きが濃《のう》厚《こう》であったからこそ、かの出エジプトの大業も行なわれたのでした。

使徒パウロはユダヤ人の一人として、旧約聖書が証《あか》ししている霊的生命の復活を、同胞《どうほう》が体験することを願いました。ロマ書一一章の中で彼は、「イスラエルは古き良きオリーブの根であり、異邦人《いほうじん》は信仰ゆえにこの根に接《つ》ぎ木《き》された野生のオリーブである」と言っています。

根から出てくる養分のゆえに、異邦人《いほうじん》である私たちも祝福され、福音の中に入れられて喜ぶことができました。宗教的素養において劣《おと》る異邦人でさえも、このように喜び、生命《いのち》に与《あずか》って花を咲《さ》かせているのならば、どうしてユダヤ人はこの喜びの生命を受けて豊かな花を咲かせないのか、とパウロは嘆《なげ》いたのでした。

素晴《すば》らしいユダヤ教の花が

パウロにおいては、ユダヤ教とキリスト教の宗派的《しゅうはてき》対立、などという問題はありませんでした。彼はエペソにいる異邦人の信者たちに、次のように書き送っています。

「記憶《きおく》せよ、あなたがたは以前には肉によれば異邦人であり……キリストもなく、イスラエルの市民権《しみんけん》もなく、約束の契約《けいやく》にも縁《えん》がなく、希望もなく、この世で神なき者であった。あなたがたは、以前はこのように遠く離《はな》れていたのに、今やキリスト・イエスにあって、キリストの血によって近いものとなった。

キリストはわたしたちの平和であって、二つのものを一つにし、敵意という隔《へだ》ての中《なか》垣《がき》を取《と》り除《のぞ》き、ご自分の肉によって、数々の規定から成る戒《いまし》めの律法《りっぽう》を廃棄《はいき》したのである。それは、ご自身において、二つのものを一つの新しい人に造《つく》り替《か》えて平和を来たらせ、十字架《じゅうじか》によって、二つのものを一つのからだとして神と和《やわ》らがしめ、敵意を十字架にかけて滅《ほろ》ぼしてしまったのである……彼にあって、わたしたち両方の者が一つの御霊《みたま》の中にあって、父のみもとに近づくことができるのだ。……あなたがたは、もはや異国人《いこくじん》でも宿り人でもなく、聖徒たちと同じ国籍《こくせき》の者であり、神の家族なのである」。

（エペソ書二章一一〜一九節　私訳《しやく》）

パウロにとっては、一つの御霊にあって父なる神の御許《みもと》に近づくことだけが問題でした。ここで「キリストの血によって」とあるのは、＊代罰説《だいばつせつ》のことではありません。これは犠牲《ぎせい》の燔祭《はんさい》の羊として注がれた血、キリストの生命《いのち》を意味します。主の御血《おんち》、すなわち神の聖霊が分《わ》け与《あた》えられることによって、全世界が祝福される。これを「福音」と言うのです。

私は、これを目指している。また、目指すべきである。この御霊にバプテスマされることが肝要《かんよう》であって、私たちにとっては、ユダヤ教、キリスト教の外見上の区別など、どうでもよい。パウロが、「もはや、ユダヤ人もギリシア人もなく、奴隷《どれい》も自由人もなく、男も女もない。あなたがたは皆《みな》、キリスト・イエスにあって一つだからである」(ガラテヤ書三章二八節)と叫《さけ》んでいるとおりです。

せっかく、イエス・キリストがもたらした生命《いのち》――御霊《みたま》――これが、形式主義的な宗教家たちによって虚《むな》しくされているのを嘆《なげ》いたのがパウロでありました。

これは、当時のユダヤ教だけでなく、今日のキリスト教についても同様で、聖霊の来臨《らいりん》のみ我らを一つにします。ですから、ユダヤ人がこの神の御霊を受けて、ヒトラハブート(灼熱《しゃくねつ》の歓喜《かんき》)に生きはじめたらどんなに良いだろう、というのが私の願いです。それは決して彼らがキリスト教に改宗することではない。もっと素晴《すば》らしくユダヤ教に花を咲《さ》かせることなんです。

優《すぐ》れたユダヤ教の指導者たちが、幕屋の人々のもつ熱い霊の生命を自分たちも回復しなければならぬ、と気づきはじめています。彼らは、決して私たちが何か理屈《りくつ》や教理に秀《ひい》でているとは思っていません。ただ、私たちのグループに滾《たぎ》る生命を、聖霊の愛を知りたい、これにあやかりたい、と願っているんです。

ユダヤの宗教は旧約聖書に見るように、他の宗教と根本的に相違《そうい》します。たとえば、「人間が神を求める」よりも「神が人間を探《さが》し求《もと》めている」のであり、ギリシア思想が「人間よ、なんじ自身を知れ」を命題にする前に「まず神を知れ」と要求しています。出発点が違《ちが》うので、妥協《だきょう》できぬほどギャップ(溝《みぞ》)があります。

したがって、聖句の解釈《かいしゃく》も、求道のしかたも、全く違うべきです。にもかかわらず、欧《おう》米《べい》のキリスト教は、霊的な聖書を前述のようにローマ的に、ギリシア的に知的解釈し、人々にわかりやすく調和して説かれてゆくと、すっかり本来の意味を失い、今もってはなはだしい曲解がまかり通る次第《しだい》です。聖霊よ、来たりたまえ!

祈ります。

天のお父様、長いあなたの歴史の中に、私たち少数の水の泡《あわ》のような者が選ばれて、あなたの御《み》光《ひかり》に照らされつつあることを感謝いたします。

神様、宗教が力を失い、光を失ったこの無宗教な時代に、聖書を読めば読むほど、私たちはほんとうに生きる意味を感じます。他人の誰《だれ》かが立つだろうではなくて、私たちがまずここで、新しい自覚をもってほんとうに立たなければ、あなたの歴史は汚《けが》されてゆくばっかりです。どうか神様、長い間、私たち日本人が願ってきました願いが、ここで少しでも実現に近づいてゆくことができるよう、私たち一人ひとりをお召《め》しくださるようお願いいたします。

神様、自分を見たら嘆《なげ》かわしい者ですが、あなたの御選《おんえら》びを思うと、自信が出ます。力が出ます。こういう不思議な世界に吸収《きゅうしゅう》された自分を、どうか尊《とうと》んで生きてゆきとうございます。

今、イスラエルにおる七十名の幕屋の者たち（聖地巡礼《じゅんれい》団員と留学生）の上にも、どうぞ祝福してください。彼らを通して、イスラエルの人々がほんとうに喜んでいるということを聞いて、嬉《うれ》しくてなりません。あなたがあの地で僕《しもべ》に示したもうたこと、それが今こうやって成就《じょうじゅ》したことを思って、心から御名《みな》を賛美いたします。

神様、一人ひとりの兄弟たちの胸《むね》に、あなたがビジョンを描《えが》かしてください。そして、それを実現した日に、手を取り合って互《たが》いに喜ぶようにならしめてください。

尊き御名によって祈り奉《たてまつ》ります。

最後に幕屋聖歌一七六番を歌います。

遠く我らの　天孫族《みおやたち》
神の歴史を　創《つく》るべく
太平洋の　初日の出
拝《おが》みつづけて　待ちわびし
今ぞ賛美に　胸《むね》おどる

各民族は、神の歴史を創るためにある。神の歴史を担《にな》うためにあります。イスラエル人はその最初の模範《もはん》を示しました。しかし、多くの失敗がありました。それでもなお、彼らは続けている。私たちも続けよう！　というんです。こういう歴史を、英語ではHoly History《ホーリー ヒストリー》（聖史）といいます。その歴史観をHoly Historical Viewpoint《ホーリー ヒストリカル ビューポイント》（聖史観）といいます。これがないと、イスラエル人とどうしても一致《いっち》しません。

彼らも聖史を担っているんです。イスラエルは、あんなに小民族なのに担っているのならば、私たち一億の日本民族もやらずにおれるものか！　ここに、愛国心が湧《わ》きますね。

民族としての自尊心《じそんしん》が湧《わ》きます。

日本人は昔から、高天原《たかまがはら》から降《くだ》ってきた民《たみ》であって、神の歴史を創《つく》るために生きるのだという伝説と思想をもっています。この思想は、今は生きていないですね。これは残念なことです。しかし私は、人が笑ってもやっぱり言うんです、「日本民族は神の歴史を担《にな》うために現れたものだ！」と。

私は日本人を廃業《はいぎょう》して他国人になろうとは思いません。イエス・キリストがユダヤの宗教的伝統に立って叫《さけ》ばれたように、私は日本人を愛し、日本人にどうしたら聖書の宗教を伝えることができるかを真剣《しんけん》に考えているんです。

自尊心のない者は、個人でも大きいことをしません。断行できません。信ずることが自分にできないんだもの。これは、民族としても同じです。

（一九七三年五月八日）

▼本稿《ほんこう》は、本書の第二五講が語られた二日後に、少数の若《わか》い世代に対する聖書塾《せいしょじゅく》ゼミナールでの講話です。第二五講に続くものとして重要な内容なので、ここに掲載《けいさい》しました。講話の最後に

ある「聖霊よ、来たりたまえ！」(三五五頁《ページ》)は、当時の『生命の光』に掲載《けいさい》するに当たって、手島郁郎が自ら太字で書き込《こ》んだ言葉です。

＊ユダヤ教…イエス・キリストを生み出したユダヤ民族の宗教。モーセの律法《りっぽう》を基礎《きそ》とし、唯一《ゆいいつ》至高《しこう》の神エホバを信仰する。

＊原始福音…第一七講の注(三三三頁)を参照。

＊セム民族…ノアの長子セムにちなんで命名。セム語系《けい》の言語を話す諸民族《しょみんぞく》の総称《そうしょう》。ユダヤ人、アラビア人、エチオピア人が含《ふく》まれ、ユダヤ教、キリスト教、イスラム教などを生み出した。

＊中田重治…一八七〇～一九三九年。青森県に生まれる。日本ホーリネス教会の創立者《そうりつしゃ》。新生、聖化、神癒《しんゆ》、再臨《さいりん》の「四重の福音」を強調。再臨運動を展開《てんかい》した。

＊アブラハム・ヘシェル…第一九講の注(六七頁)を参照。

＊ルドルフ・オットー…一八六九～一九三七年。ドイツのプロテスタント神学者、宗教学者。その著書《ちょしょ》である『聖なるもの』は宗教学の古典。

＊オットー・ピーパー…一八九一～一九八二年。ドイツに生まれる。ヒットラーの中に悪魔《あくま》の力を見て抵抗《ていこう》し戦ったために、祖国を追われる。後に、アメリカのプリンストン大学の新約学教授。一九六三年、高野山で開かれた幕屋の聖会に参会。手島郁郎と親交を結ぶ。

＊ラインホルド・ニーバー…一八九二〜一九七一年。二十世紀アメリカの代表的神学者。ユニオン神学大学教授。

＊パウル・ティリッヒ…一八八六〜一九六五年。ドイツに生まれる。プロテスタント神学者。ナチズムを批判《ひはん》してドイツから追放され、アメリカに渡《わた》る。ユニオン神学大学、ハーバード大学教授。

＊代罰説《だいばつせつ》…キリストは、人類の罪を背負《せお》って十字架《じゅうじか》にかけられ、人類に代わって罰せられた。それによって人間は罪から救われる、とする説。

補講Ⅱ

切り札なるキリストの御霊《みたま》

――ペンテコステ記念集会の講話より――

イエス・キリストが十字架《じゅうじか》にかかって死なれました後、弟子《でし》たちは嘆《なげ》き悲しみ、苦しんでおりました。しかし、そんな彼らの前に復活のキリストは霊姿《れいし》を顕《あらわ》されて、

「エルサレムから離《はな》れないで、かねてわたしから聞いていた父の約束を待っているがよい。すなわち、ヨハネは水でバプテスマを授《さず》けたが、あなたがたは間もなく聖霊によって、バプテスマを授けられるであろう」(使徒行伝一章四、五節)と言われました。

その言葉どおりに、ペンテコステ*の日に聖霊が降《くだ》りますと、弟子たちの一群に不思議な力が、不思議な愛が、不思議な知恵《ちえ》が湧《わ》いて、神に導かれる歩みが始まりました。

霊的黄金時代の花よ、蘇《よみがえ》れ！

先日の東京の集会で、私は「縄文《じょうもん》時代のクルミの実から芽が出た」という話をしました（第二九講参照）。このクルミは、三千年以上も昔のものです。聖書でいえば、セーセの時代のクルミです。そんな大昔の実が再び芽を出した。

私はこのことを新聞で読んだ時に、霊感のように感じました。それは、長い間、死んで眠《ねむ》っているように見える聖書の宗教が、今こそ目覚めねばならぬ時である！ と思ったんです。

発掘《はっくつ》されるまで、三千年以上も土の中に眠っていたクルミです。世の人々は、もう硬《かた》く化石のようになって死んでいると思ったかもしれない。しかし、クルミは生きていた！

私たちは聖書を読む者として、今、キリスト教が眠っているような状況《じょうきょう》の中にあって、「神様！ どうぞ、私たちの一群を通して、昔、あなたが咲《さ》かせたもう霊的黄金時代の花を、もう一度咲かせてください！」と祈りたい。

昔も今も、永遠に変わらないキリストの聖霊が私たちに働いて、どうか心の奥《おく》に芽を出していただきたいものです。

人間がもつにはあまりにも尊《とうと》い神の生命《いのち》。人間という器《うつわ》には盛《も》りきれない生命。これが聖なる御霊《みたま》です。イエス・キリストに宿り、使徒たちに宿り、預言者たちを動かした御霊です。この神の御霊を、私たちにも与《あた》えられたい！　与えられる時に、再び不思議なことが起きるんです。

先日、H君が伝道に立つに当たって、「どうしたら伝道に成功するでしょうか」と言います。そんなことは、今更《いまさら》言わずとも、わかっているじゃないか。私たち肉なる人間に何ができるものか！　神の霊が、ペンテコステの日に聖霊が降《くだ》ったように臨《のぞ》んでさえおれば、不思議なことが起きる！

ある人が言います、「学歴のない者がどうやって伝道するだろうか」と。冗談《じょうだん》を言っちゃあ、いけない。宗教は学問じゃない。この世の学問とは違《ちが》うんです。学問の助けも借りるけれども、それは助けを借りるだけであって、宗教の本質である神の生命を伝えることを目的とする限り、そんなことはどうでもいいことだ。

それで私は、H君にヤコブ・ベーメ*の話をしました。

十五分間大学に学んだ人

ヤコブ・べーメは、十七世紀のドイツで靴職人《くつしょくにん》だった人です。

彼が二十五歳《さい》のある日、窓《まど》から射《さ》し込《こ》む夕日が靴の釘入《くぎい》れの缶《かん》に反射《はんしゃ》して光《ひか》り輝《かがや》いた。その時、彼は不思議な霊光に浸《ひた》されて恍惚《こうこつ》状態となりました。そして、人間が住んでいる世界とは違《ちが》う世界に移《うつ》し替《か》えられた。やがて目覚めた後に彼が書くところのものは、ドイツの知識階級に反響《はんきょう》を呼《よ》びました。

ヘーゲルは最高の哲学者《てつがくしゃ》の一人として知られていますが、そのヘーゲルが「私に最大の影響《えいきょう》を及《およ》ぼしたのは、哲学の父と呼ばれるイマヌエル・カントではない。ヤコブ・べーメである」と言っています。

ヤコブ・べーメは学者じゃないんです。靴職人なんです。学問もない人です。しかし、彼の書は読む者の胸《むね》を打つんです。

やがて、彼の影響を受けたヘーゲルの書を読んで、唯物弁証法《ゆいぶつべんしょうほう》の哲学を打ち立てたのがマルクスです。多くの思想家たちが、このヤコブ・べーメに学びました。

ヤコブ・ベーメは言っています、

「私が光の世界に入れられたのは、わずか十五分くらいだっただろう。しかし、この経験によって長年、大学で学ぶよりも深い真理を知るに至《いた》った。ひとたび生命《いのち》の光に照らされると、全世界が透《す》けて見え、私は一切《いっさい》を悟《さと》った」と。

靴職人《くつしょくにん》にすぎぬ人が、わずか十五分です。しかし、多くの人々が彼の書いたものを読んで「深い思想だ」と言って感激《かんげき》し、その深遠な考え方に驚《おどろ》きました。

ヤコブ・ベーメの仕事場の机

ある時、ベーメの弟子《でし》が聞きました、

「神は実在するというけれども、どうしたらその実在する神に出会えますか？」と。

するとヤコブ・ベーメは、

「神は全宇宙《ぜんうちゅう》に満ちている。どこででも出会える。ただし、人間は被造物《ひぞうぶつ》である。諸君《しょくん》は被造物が何もない世界に飛翔《ひしょう》しなければならない。そうして、諸君《しょくん》がこの世を捨《す》て去《さ》る時、諸君はこの世が生まれてきた根源《こんげん》に至《いた》る。そこで神に出会うことができるだろう」と答えたといいます。

ただ聖霊に満たされるときに

あるいは、大正年間の日本で、わずかの間に不思議な伝道をした人がいました。それは、*柘植不知人《つげふじと》という人です。この人は、学校にほとんど行ったことのない無学な人でした。薬の行商をしながら生活しておりましたが、ある時、妹が家出をして身売りしてしまった。その妹を捜《さが》して神戸までやって来ました時に、湊川《みなとがわ》新開地での天幕《てんまく》伝道会でキリスト教の話を聞いて入信し、熱烈《ねつれつ》な信仰者になりました。

それから二年ほどして、大阪・梅田駅の裏通《うらどお》りで、神を崇《あが》めて祈りつつ、また賛美しつつ歩いていると突然《とつぜん》、聖霊が激《はげ》しく臨《のぞ》む経験をした。すると、もうじっとしておられなくなった。電車に乗っていても嬉《うれ》しくてならず、涙《なみだ》が出てならない。自分に臨む神の霊を抑《おさ》えようとしても、抑えたらかえって苦しい。苦しいから叫《さけ》び出《だ》すと、人々が躓《つまず》く。それでもじっとしておられないので、神戸の六甲山《ろっこうさん》に行ってはよく祈っておりました。

この人の信仰は本物でした。この人の祈りによって、どれくらい多くの病人が癒《い》やされたかしれません。歳《とし》四十になって信仰に入り、十年足らず伝道し、数多くの教会が生まれました。

私はある時、この柘植不知人師についての話を聞いて、これが本当の宗教だと思った。昔、ガリラヤの漁師たちや取税人のマタイを導いた御霊《みたま》はこれだ！　と思った。

柘植不知人師の説教集が残っておりますが、それを読んでみると、学問をしたこともない人なのに、まあ驚《おどろ》くですね。今の神学校の先生たちよりも、よほどに聖書に近い信仰をもっています。大胆《だいたん》に信じています。そして、大胆に信じるところに不思議が伴《ともな》っております。

ただ聖霊に満たされた祈りが、彼の伝道生活の貴重《きちょう》な財産でした。この柘植師を多くの人が迫害《はくがい》しましたが、迫害に屈《くっ》せず、正しい福音《ふくいん》を説かれ、多くの人が救われました。

本当の信仰は、イエス・キリストに宿ったところの御霊、その御霊を受《う》け嗣《つ》ぐことにあります。このキリストの御霊は、ほんとうにオールマイティーの切り札のような力をもっております。

オールマイティーの力

この夏、信州の白馬で聖会が開かれます。それについて、どういう聖会にしたらよいか。去年と同じような聖会はしたくない。ほんとうに皆《みな》さんが喜ばれ、希望と晴れやかさと力に満ちて、新しい出発ができるような会にしたい。それで、私は皆の意見を聞きました。

聖会に集《つど》う人たちは、いろいろと人生の問題をもってやって来られるので、「人生問題相談室」とか「信仰問題相談室」などを設けて指導されたらどうか、という提案もありました。それも良い試みだと思ったので、伝道者や牧者の人たちに「どういう処置《しょち》をするか」と答申《とうしん》を乞《こ》いました。私は、皆さんに教えられたかったんです。しかし、非常な失望を味わいました。たとえば「私は金融《きんゆう》に詳《くわ》しいから、経済問題のコンサルタントに……」などと言われる。そんなことは枝葉末節《しようまっせつ》のことです。

一切《いっさい》を根本的に解決する力は何か。オールマイティーの切り札をもっているか、どうか。大事なことは聖霊のバプテスマです。研究に行《ゆ》き詰《づ》まっても、聖霊に満たされたら、問題に光明が照らしだします。夫婦《ふうふ》の間、親子の間がうまくゆかないと悩《なや》んでいても、まず自分自身がニコニコと聖霊の喜びに入ったら、感情的なトラブルも自ら道が開かれてゆく。死を前にしている人でも、聖霊の恵《めぐ》みに微笑《ほほえみ》と賛美が尽《つ》きなくなる。仕事上の人間関係でも、また結婚《けっこん》問題で悩《なや》んでいる娘《むすめ》さんがあっても、ひとたび聖霊に満たされると生きる希望に溢《あふ》れます。

キリストが地上にもたらした驚《おどろ》くべきオールマイティーの力、オールマイティーの知恵《ちえ》。それは、ペンテコステの日に、百二十人の弟子《でし》たち一同の上に降《くだ》った聖霊のバプテスマによって与《あた》えられるものです。聖霊のバプテスマこそ、一切《いっさい》の問題を解決する鍵《かぎ》である！そこに問題解決のエネルギーが含《ふく》まれています。

「福音とは、すべて信じる者に、救いを得させる神の力である」（ロマ書一章一六節）とあるとおり、キリストは一切を解決する力を提供《ていきょう》してくださるお方です。

私がそう言ってしまえば、皆《みな》さんは「ああ、そうか。実は私もそう思った……」と言われるでしょう。しかし、誰《だれ》一人として、そう答える人はいませんでした。

私はイエス・キリストを知るようになってから、この不思議な御聖霊《おんみたま》、御生命《おんいのち》に養われる経験を今まで深めてきました。多くの人が行《ゆ》き詰《づ》まっておる、また自分も行き詰まる時に、聖なる霊が私たち一人ひとりに臨《のぞ》むならば、オールマイティーの力を発揮《はっき》します。このような切り札をもたなければ、複雑な人生問題をとても解決できるものじゃありません。

愛の群れを生んだ生命《いのち》

ヨハネ伝六章を読むと、イエス・キリストは、ガリラヤの荒野《あらの》で五千人の群衆《ぐんしゅう》を養われるという奇跡《きせき》を起こされたというが、そのような不思議な愛の力というものは、聖霊によって注がれてくるものです。この愛の生命が私たちの心に注がれたら、もう何もいらなくなります。

キリストのご昇天《しょうてん》後、ペンテコステを通して、弟子《でし》たち一同にこの愛の御霊《みたま》が宿ると、皆《みな》が互《たが》いに激《はげ》しく愛し合う一団と変わった。また、強く生きる人間と変わった。それは、神の愛にひしひしと守られていることを感じたからです。

愛は人を強めます。愛は人を聡明《そうめい》ならしめます。愛は人を許します。愛は大きい心で人を包みます。このような神の霊が注がれてくるところに、不思議な愛の集団が発生した。これを記しているのが使徒行伝であります。また聖霊の働くところに、実に不思議な知恵《ちえ》が、啓示《けいじ》があります。この聖霊だけが、聖書の最も大事なエキス（精髄《せいずい》）だと思います。聖霊に与《あずか》ることによって、ついに私たちは永遠の生命にまで運ばれるのであります。

ペンテコステの霊的来臨《らいりん》

ペンテコステは、神の霊が注がれた日です。

その後《のち》わたしはわが霊を
すべての肉なる者に注ぐ。
あなたがたのむすこ、娘《むすめ》は預言をし、
あなたがたの老人たちは夢を見、
あなたがたの若者《わかもの》たちは幻《まぼろし》を見る。
その日わたしはまた
わが霊をしもべ、はしために注ぐ。
（ヨエル書二章二八、二九節）

このように旧約聖書に書いてある。これをキリストの弟子《でし》たちは体験したんです！　私たちも、小さいながら体験しだしたんです！

イスラエルのザルマン・シャザール大統領やニューヨークのアブラハム・ヘシェル博士が、またヘブライ大学の学長であったフーゴー・ベルグマン先生が、私を手厚くお迎《むか》えでありました。それは、なぜか。

それは、聖書の中に脈打っておる不思議な生命、これを私たちは問題にしているからです。それで、大きく共鳴共感してくださり、またいろいろお教えでした。私は、こういう先生たちに見出《みいだ》されたことを、ほんとうに喜んでいます。

聖書は、アブラハムの祝福を、永遠の生命を約束するものです。これが新約です。ある時が来たら、神の霊が多くの人々に臨《のぞ》む。その時に、もう言わず、語らず、教えざるに、皆《みな》が神の掟《おきて》（トーラー）を歩く時代が来ると、エゼキエルもエレミヤも預言しております。それがペンテコステの日に成就《じょうじゅ》した。

聖霊は、風のごとくに来たります。

エホバの神様が、土くれにご自分の息をフッと吹《ふ》きかけられた時、アダムは生ける者となりました。塵《ちり》が生きた人間となった。

どうか神様！　あなたがその昔、アダムにフッと息吹《いぶ》きたもうたように、私たち一同に、肉なる動物でしかない者に、神の霊を、天上界の生命《いのち》を注いでくださるよう願います！

ペンテコステの日に、エルサレムの一隅《いちぐう》で旋風《せんぷう》のごとくに、火のごとくに臨《のぞ》んだところの神の霊が、東洋の果てに住むこの小さき群れにも、どうか臨んで、私たちがほんとうに今までとは変わった生　涯《しょうがい》を歩めるよう願わずにはおられません。

聖霊なき者はクリスチャンにあらず

キリストの御霊《みたま》なき者はキリストに属する者ではない、と使徒パウロは言いました。

今のクリスチャンは、キリストの霊をもたずにクリスチャンだと思っていますから、偽《いつわ》りものです。私たちは、せめて偽りものは避《さ》けたいと思います。

ロマ書八章一四節に、「すべて神の御霊に導かれている者は、すなわち、神の子である」とあります。

いろいろな人生の困難《こんなん》な問題について、神の霊が導く。これが聖書の信仰であります。

ですから神様は、私たちが苦しみ、逆境にあえいでいる時に、「わたしはあなたを教え、あなたの行くべき道を示し、わたしの目をあなたにとめて、さとすであろう」(詩篇《しへん》三二篇八節)と言われる。私たちは悟《さと》りのない馬のようであってはなりません。

ただ心が素直《すなお》である、それだけで神の御声《みこえ》を聴《き》くことができます。人間が何かの相談に乗ろうとしても、それは人間の知恵《ちえ》です。しかし、神の霊が直接に導く。このように、神が直接に霊導するということを、今のクリスチャンは信じておりません。

神の子であるためには、神の霊を私たちが受け取らなければ、導かれない。ラジオがどんなに立派《りっぱ》であっても、電流が流れてこなければ聞こえないように、私たちに必要な神の声を聴くためには、聖なる霊が脈打ちはじめることが必要です。

イエス・キリストは弟子《でし》たちに言われました、「わたしの羊はわたしの声を聴く」と。キリストの声を聴きうるような魂は、キリストの霊的生命をもっていなければ聞こえません。猿《さる》と人間は似ています。しかし、猿は猿です。人間の命とは違います。人間の命、一つの命をもち合うものは、お互《たが》いに心が通じます。話がわかります。小さな赤《あか》ん坊《ぼう》でも、母親の言うことがだんだんわかってきます。

同様に、神の生命《いのち》が、神の霊が、私たちに流れていないならば、神の声を聴《き》くことはできない。「すべての道で主を認《みと》めよ、そうすれば、主はあなたの道をまっすぐにされる」（箴言《しんげん》三章六節）。私たちの人生の道を正しく改めてくれるものは、神ご自身の霊です。この神の霊に、直《じか》に導かれる経験。これが、初代の原始福音の人々に始まりました。使徒行伝はそのことを証《あか》ししています。

ただ一つのものを握《にぎ》れ

神の霊は風のごとく吹《ふ》き来たります。姿《すがた》は見えませんが、私たちは、その御霊《みたま》を受ける時に、不思議な息づきを覚えます。

聖霊は油に例えられます。油は食物を味つけ、また光を点《とも》すことができる。また、傷《きず》を癒《い》やすことができ、包むことができるものは油です。

聖霊は火に例えられます。今までの古い頑固《がんこ》なつまらないものを焼《や》き尽《つ》くしてやまない、聖《きよ》めてやまない力をもつものが聖霊です。

この聖霊が結ぶ最も大きな果実は何でしょうか。

愛です。希望です。信仰です。その信仰は、教理の信仰ではありません。山をも移すほどの不思議な信仰です。奇跡的《きせきてき》な信仰です。また、大きなカリスマ的な恵《めぐ》みです。この恵みに与《あずか》りますと、私たちはほんとうに尊《とうと》く変わった生涯《しょうがい》が始まる。

四十歳《さい》を過ぎて、柘植不知人師はその経験をもちました。無学な人ですから、伝道者としては不適当と言われるかもしれない。けれども、神はそのような者を用いて、多くの人々を救いなさいました。

これは、私たちに対する模範《もはん》です。手島郁郎に対する模範です。どんなに器《うつわ》が乏《とぼ》しくともよい。無くてはならぬただ一つのものを、ほんとうに握《にぎ》ることです、与《あた》えられることです。聖書の宗教が、他の宗教と全然違《ちが》う点は、ここにあります。

神の霊を盛《も》る器になりますと、事ごとに主のトーラー（教え、指図）に、主の指導に従《したが》って歩こうとします。聖霊は生命《いのち》の光です。暗きを歩まず、救われるのはこの霊の力です。

説明はもうやめます。

一人ひとりが、聖霊を受けることです！　私のような卑《いや》しく罪深い者にさえも、神様は聖霊を注ぎたもうたのですから、ましてや皆様《みなさま》には注がれるに違《ちが》いない、と思います。もう身なりを構わずに祈り、無くてならぬものを頂《いただ》きとうございます！　永遠の光が、私たちの胸《むね》に点《とも》るようでありとうございます。

賛美歌を歌って、皆で祈ります。

聖痕《みきず》に　血汐《ちしお》したたりて
御胸《みむね》は血しぶき　流れぬ
あがないの　御生命《みいのち》を
受けなん　十字架《じゅうじか》　主の血汐
仰《あお》ぐ聖徒らに　注ぐも

キリストの神様！　永遠の御霊《みたま》なる神様！
二千年前に、人々の上に御霊を降《くだ》したもうた神様、どうぞ、ここに集《つど》うておる一同の上に、ナザレのイエスに宿ったあの御聖霊《おんみたま》が与《あた》えられて、驚《おどろ》くべき境涯《きょうがい》に入ることができるようにならしめてください。
キリストの神様！　どうぞあなたの御霊《みたま》が私たちの内にあって、オールマイティーの力として働かれるまでに導きたもうよう、お願いいたします！

（一九七三年六月十日）

▼本稿《ほんこう》は、東京・社会文化会館で開かれたペンテコステ記念集会での講話の一部です。この講話では、本書に収録《しゅうろく》された第二六～二九講の内容が要約して語られていますが、重複するところは割愛《かつあい》して編集しました。

＊ペンテコステ…第二一講の注(九八頁《ページ》)を参照。

＊ヤコブ・ベーメ…一五七五～一六二四年。ドイツ神秘《しんぴ》主義の近世初頭の代表者。ドイツ東部のゲルリッツ近郊《きんこう》に生まれる。瞑想《めいそう》と独学によって、非凡《ひぼん》で独自の思想家となる。

＊柘植不知人…一八七三～一九二七年。キリストの伝道者。四十歳《さい》で回心。後、B・F・バックストンの薫陶《くんとう》を受ける。日本の各地、また台湾《たいわん》に聖霊のリバイバル伝道を展開《てんかい》した。

編者あとがき

本書は、第一巻《かん》と同じく、手島郁郎先生が東京の国会議事堂近くにある全国町村会館ホールにて、日曜日ごとに語られた聖書講話の筆記です。時期は、一九七三年三月〜七月の四か月間で、ヨハネ伝五、六章を元にした聖書講話を収録《しゅうろく》しました。

この第二巻は、「欲《ほっ》するごとく成れ！」と力強いキリストの福音《ふくいん》を訴《うった》えるところから始まり、後半では「イエスに封印《ふういん》された生命」「亡《ほろ》びぬ生命《いのち》つわりて」など、永遠の生命とは何か、いかにしたらその生命を得られるかをずっと説いています。ヨハネ伝の中心テーマである「永遠の生命」が、ハッキリと打ち出されている一巻といえましょう。

ヨハネ伝は、初代教会の最後を飾《かざ》る最も霊的な福音書といわれますが、手島先生独自のヨハネ伝の解釈《かいしゃく》、霊的信仰を表明する講話が続き、編集しつつ心躍《こころおど》る日々でした。

「宗教は理屈《りくつ》や神学ではない」と常々言っていた先生は、第一巻、第二巻を貫《つらぬ》いて、驚《おどろ》くほどの話題（生物学、物理学、心理学、歴史、仏典、漢籍《かんせき》など）や具体的な神の証《あか》しをもって聖書の言葉を解説していますが、この第二巻《かん》では、宇宙《うちゅう》物理学における当時最先端《さいせんたん》の研究であった「ブラック・ホール」を取り上げながら信仰の心を説いています。召天《しょうてん》する半年前においても、最新の知識に目を通しながら福音を伝えようとする姿勢《しせい》には圧倒《あっとう》される思いでした。

また、本書の講話がなされていた三月にはイスラエルに巡礼《じゅんれい》し、ユダヤ教とキリストの幕屋《まくや》の関係について、ヨハネ伝の聖句から信仰を深めています。そこから生まれた「ユダヤ教と原始福音」（補講《ほこう》I）は驚《おどろ》くべき内容で、聖書宗教の未来を示す重要な講話です。

その中で、「宗教宗派《しゅうは》は問題でない。生ける神との出会いの経験の濃淡《のうたん》を問うことが大事である」という箇所《かしょ》は特に心に響きました。事実、手島先生ほど神ご自身の世界に浸《ひた》り、聖霊の愛に生きて向上一路を続けた人を私は他《ほか》に知りません。それは、あるユダヤ教の高名なラビ夫妻が、「キリスト教の歴史は私たちに敵するものですが、手島先生に出会った時、この人こそ真に神の人だと直感しました」と語っているほどでした。

思想や主義、神学などに立てば対立が起きますが、真実な神経験――宗教の原点に立って互《たが》いに高め合うことができれば、きっと良き未来が宗教宗派の対立を超《こ》えて開かれることでしょう。ここに、手島先生の信仰が聖書の民《たみ》イスラエルに熱烈《ねつれつ》に迎《むか》えられた理由があり、キリストの真の弟子《でし》であった証《あか》しがあります。

第二巻《かん》の編集全体から感じたのは、ヨハネ伝を通して、繰《く》り返《かえ》し「人間の計らいをやめ、己《おのれ》を虚《むな》しくして、ただ神に示されるままに生きる」「幼《おさ》な子《ご》の心に天が開ける」――それが信仰の極意《ごくい》である、と語られていることでした。また、私たち一人ひとりに、永遠の生命を発見してほしいと願われる、手島先生の祈りが魂に響《ひび》きました。

本書に記された、使徒ヨハネが伝える信仰とそれを霊読する手島先生の声が、キリストの弟《で》子《し》として生きようとするお一人おひとりの指針となり力となることを祈ります。

本書は、手島先生の聖書講話を、残された録音テープから編集したもので、文責はすべて編者にあります。編集に当たっては、奥田英雄、藤原豊樹、上野誓子の諸兄姉に協力を頂《いただ》きました。衷心《ちゅうしん》より感謝申し上げます。

二〇二二年二月　建国記念日の朝に

編集責任　伊　藤　正　明

手島郁郎　てしま　いくろう

1910(明治43)年8月26日　生まれる。

1927(昭和2)年　17歳の頃、受洗する。

1948(昭和23)年5月　阿蘇山中にて見神、独立伝道に立つ。

1973(昭和48)年12月25日　召天する。

ヨハネ伝講話　第2巻　　定価2800円（本体2545円）

2022年4月15日　初版発行

講述者　手島郁郎

発行　手島郁郎文庫

〒158-0087　東京都世田谷区玉堤1-13-7

電話　03-6432-2050

FAX　03-6432-2051

郵便振替　01730-6-132614

印刷・製本　三秀舎

ISBN 978-4-89606-036-2